ADAC Reiseführer

Malta

Gozo und Comino

von Hans E. Latzke

Intro

Unterwegs

Malta Kaleidoskop

Karten und Pläne

Service

Malta aktuell A bis Z 121

Sprachführer 136

Register 140

Malta Impressionen

Festungsinsel im Mittelmeer

Nein, eine Liebe auf den ersten Blick ist es selten. Dafür ist Malta zu eigenwillig, zu kahl, zu modern, zu sehr bevölkert – zu ungewöhnlich eben.

Tatsächlich sind Malta und Gozo Inseln der Steine. Der typische Maltastein, ein weiches Kalksediment, das sich in der Sonne strahlend gelb färbt, pastellweiß in der Abenddämmerung und schmutzigbraun bei Regen, bestimmt schon den ersten Eindruck beim Landeanflug: Fast vegetationslos scheint die Landschaft, nur die blauen Flecken der Hotel-Pools blitzen daraus hervor. Dass Malta dennoch Stammgäste und treue Freunde gewonnen hat, muss an der Mischung liegen: Geschichte und moderner Tourismus, eine aus vielen Facetten zusammengefügte Volkskultur, Strandidylle, Großstadtflair und dörfliche Beschaulichkeit verschmelzen hier zu einer Melange, die am Mittelmeer nicht ihresgleichen hat.

Spuren der Geschichte

Über die beiden Inseln gingen in der Vergangenheit zahlreiche Herren: Den antiken Kulturen der Phöniker, Karthager, Römer und Byzantiner folgten die Araber unter der Aghlabiden-Dynastie, die von Tunesien bis Sizilien herrschten. Im Mittelalter machte Malta die politischen Wechsel Siziliens mit, zuerst unter den Normannen, dann unter deutschen Kaisern, schließlich unter den französischen Angevinern – erst mit den Spaniern kam es wieder zu längerer Stabilität. Deren mächtigster König Karl I., als Karl V. zugleich deutscher Kaiser, gab die Eilande in der strategisch bedeutenden Enge zwischen dem westlichen und östlichen Becken des Mittelmeers dem Orden der Ritter vom Hospital des hl. Johannes zu Jerusalem als Lehen. Dieser Militärorden erfüllte die ihm zugedachte Aufgabe prompt, widerstand dem expandierenden türkischen Osmanenreich 1568 in der Großen Belagerung und machte Malta im 17. Jh. zu einem der mächtigsten maritimen Militärstützpunkte Europas. Um diesen stritten ab 1798 Franzosen und Briten – dass letztere sich durchsetzten, hat Malta und Gozo, die 1964 unabhängig und zehn Jahre später zur Republik wurden, den sicherlich bedeutsamsten Kulturimport beschert.

Doch die Malteser scheinen von allem etwas bewahrt zu haben. Von den Arabern blieb das Grundgerüst der **Sprache**, die dazu Lehnworte aus dem Spanischen, Italienischen und Englischen besitzt. Vom spanischen Sizilien her sind die

Festas, das Lichterfest Mnarja etwa und die feuerwerkssprühenden Heiligenfeste beeinflusst. Der Ritterorden hinterließ ein **Architekturempfinden**, das heute noch den Neo-Barock als Krone der Ästhetik tradiert. Britische Sonderlichkeiten schließlich bestimmen große Teile des *Way of life* Maltas – und damit ist nicht nur der Linksverkehr gemeint.

Oben: *Blick von der Zitadelle Victorias über Gozos grüne Felder*
Unten: *Bezaubernde Farbenpracht – bunte Luzzu-Boote im Hafen von Marsaxlokk*
Unten links: *Glatt geschliffene Badefelsen am St. Thomas Tower*

Sportsfreuden und Kultur

Wer heute nach Malta fährt, sollte sich nicht von seinen historischen Vorgängern beeindrucken lassen, deren Kommentare allesamt recht nüchtern ausfallen. *Lord Byron* etwa fluchte über die »steilen Treppen von Valletta, verdammt seien sie«. *Gustave Flaubert* meint knapp: »ohne jedes Interesse«. Auch was die ersten Kundschafter des *Ritterordens* berichteten, nämlich dass »der Handel der

Links: *Jahrtausende überdauerten die berühmten Steinzeittempel in Tarxien*
Rechts: *Die Venus von Malta: Kultfigur aus Hagar Qim*
Unten: *Sandstrand der Golden Bay*
Rechts oben: *Festa-Stimmung in Zabbar*
Rechts unten: *Täuschend echt: gemalte Kuppel der Kattidral Santa Marija, Victoria*

Insel hauptsächlich aus Honig, Baumwolle und Kreuzkümmel besteht«, stimmt heute nicht mehr. Obwohl Malta eigentlich kein Traumziel für den Badeurlaub ist, hat sich die maltesische Tourismusindustrie mit rund 1 Mio. Feriengästen pro Jahr als recht erfolgreich erwiesen. *Sliema*, *San Giljan (St. Julians)*, *Bugibba* und *Marsaskala* heißen die Hochburgen der zumeist englischen und deutschen Urlauber, *Golden Bay*, *Mellieha Bay* und die *Ramla Bay* auf Gozo sind die begehrtesten **Sandstrände**. Zu Strandleben, Wasserspaß und Tauchsport kommt hier aber noch ein gewisser ›Mehrwert‹: Kulturgeschichtlich lassen sich dort Zeugnisse der im europäischen Vergleich einzigartigen maltesischen Megalithkultur (mega = groß, lithos = Stein) aus dem 4. und 3. Jtd. v. Chr. und die gigantische Festungsarchitektur der Johanniter-Ritter aus dem 16.–18. Jh. bestaunen.

Am Ende der Steinzeit türmten die damaligen Malteser gewaltige Steine zu **Tempeln**, in denen sie die Erd- und Muttergöttin verehrten. Ihre Kultur ist bis heute rätselhaft, nicht zuletzt weiß man bis heute nicht, wie eine Bevölkerung von höchstens 20 000 Menschen immerhin über 40 Kultstätten errichten konnte. Dieser Baueifer im Dienst des Glaubens scheint jedoch ein typisches Merkmal auch der späteren Malteser geblieben zu sein. 360 **Kirchen** und Kapellen will man heute auf den beiden Inseln zählen. Bei

385 000 (gut katholischen) Einwohnern übertrifft Malta damit problemlos selbst Rom.

Stadt der Ritter

Steine, Maltas größten Reichtum, ließen auch die Ritter des Johanniterordens auftürmen, sie aber hauptsächlich zu Festungen. Sie gründeten **Valletta**, Maltas heutige Hauptstadt und die erste moderne Stadt mit rechtwinkligem Straßennetz der Neuzeit, die in Wirklichkeit eher eine mit Kirchen und Palästen vollgestopfte Festung war. So ist es kein Wunder, dass jedes Haus, ja selbst die Baulücken von blutiger und heroischer Geschichte künden, denn ihre militärische Rolle haben Stadt und Insel erst nach dem Zweiten Weltkrieg verloren – damals war Malta der am meisten umkämpfte Kriegsschauplatz Südeuropas.

Diese Zeit, im Land die ›Zweite Große Belagerung‹ genannt, vertiefte die Bindung an König und Empire so weit, dass

über die Hälfte der Malteser 1958 sogar den Anschluss an das United Kingdom anstrebte, was London allerdings ablehnte. Wie das Leben so spielt: Danach besann sich die Inselgruppe ihrer alten Rolle als Mittler zwischen den Kulturen, und aus der Front wurde eine Drehscheibe. In den 1970er-Jahren, unter dem ebenso berüchtigten wie legendären Premierminister Dom Mintoff, kochte der Kleinstaat Malta ein Sondersüppchen zwischen den Stühlen, zwischen den Blöcken des Kalten Kriegs, zwischen Europa und der arabischen Welt. Mittlerweile sind die spektakulären Konflikte von damals vergessen, und es scheint, als würden die Malteser zu einer gewissen levantinischen Schlitzohrigkeit zurückfinden. Sie sind modern geworden, investieren in **Tourismus** und Industrie, haben sich wieder Italien angenähert und sind 2005 sogar mit großem Enthusiasmus der EU beigetreten.

Auch Valletta hat sich inzwischen hinter ›moderneren‹ Wällen verschanzt: Es bildet rund um die beiden tief eingeschnittenen Naturhäfen das Zentrum eines Siedlungsgürtels, der seit den 1950er-Jahren zu einer einzigen Stadt zusammengewachsen ist. Dieser halbkreisförmige ›Stadtwall‹ mit Wohnorten wie **Sliema**, **Msida**, **Birkirkara**, **Hamrun**, **Qormi** und **Paola** entspricht mit einer Bevölkerungsdichte von über 1265 Menschen pro km^2 großstädtischen Verhältnissen, die man kaum von einer Mittelmeerinsel erwartet. In diesem Gürtel sind

Oben: *Rasende Wellenläufer – Wassersport wird auf Malta groß geschrieben*
Links: *Freundliche Gesichter: ABC-Schützen in ihrer Schuluniform*
Rechts oben: *Espresso oder Aperitivo – gut bestückte Bar für jede Gelegenheit*
Rechts unten: *Wieder geht ein schöner Tag zur Neige – Abendhimmel über Msida*

Stadtwüste und Verkehrskollaps die unvermeidlichen Schattenseiten, ein turbulentes *Nachtleben*, gutes *Restaurantangebot* und eine lebendige *Jugendszene* die Pluspunkte.

Zudem gibt es auch noch die ländlichen Regionen, durch die bis heute Schäfer mit ihren Herden ziehen, stille Orte wie **Mdina**, die mittelalterliche Hauptstadt, und natürlich **Gozo**, das von dem Boom der neuen Zeit bislang kaum berührt worden ist. Das alles liegt nah beieinander – schließlich misst die längste Strecke auf der größeren Insel Malta gerade mal 27 km –, und wer da die Zeit auf Malta im Bannkreis seines Hotels verlebt, der ist, so möchte man meinen, selbst schuld. Es gibt viel zu entdecken, Spektakuläres und unscheinbare Details: Man muss sich nur auf den Weg machen.

Der Reiseführer

In diesem Band wird Malta mit seinen Inseln Gozo und Comino in *fünf Kapiteln* vorgestellt. Auf besondere Höhepunkte bei Sehenswürdigkeiten, Hotels und Restaurants, Plätzen, Stränden, Festen etc. verweisen die **Top Tipps**. Den Besichtigungspunkten sind jeweils **Praktische Hinweise** mit Tourismusbüros, Hotel- und Restaurantempfehlungen sowie vor Ort hilfreichen Informationen angegliedert. Die Orientierung erleichtern **Übersichtskarten**, **Stadtpläne** und **Grundrisse**. Auf den letzten Seiten informiert **Malta aktuell A bis Z** über Anreise, Einkaufsmöglichkeiten, Essen und Trinken, Feste sowie Sportangebote, Unterkunft und Verkehrsmittel. Ein umfassender **Sprachführer** kommt hinzu. **Kurzessays** zu verschiedenen Themen runden den Reiseführer ab.

Geschichte, Kunst, Kultur im Überblick

Von Megalithtempeln und steinerner Ritterpracht, britischem Flair und einer modernen Inselrepublik

Vor- und Frühgeschichte

um 7000 v. Chr. Älteste Zeugnisse menschlicher Besiedlung auf Gozo.

ab 5200 v. Chr. Ghar-Dalam-Phase: Keramik- und Knochenfunde in der ›Höhle der Finsternis‹ von Ghar Dalam bezeugen eine Besiedlung durch die Stentinello-Kultur von Sizilien aus.

ab 4600 v. Chr. In der Skorba-Phase entstehen runde Häuser aus Tonziegeln.

ab 4100 v. Chr. Aus der Zebbug-Phase, in der neue Siedler aus Sardinien einwandern, stammen die ersten gerundeten Grabhöhlen bei Xemxija und Zebbug.

ab 3600 v. Chr. Nach dem frühesten Dreiraum-Tempel aus Stein wird die Ggantija-Phase benannt. Etwa gleichzeitig entstehen Tempel in Ta'Hagrat, Skorba, Mnajdra und Tarxien.

ab 3200 v. Chr. In die Saflieni-Phase fallen der Beginn des Hypogäums von Hal Saflieni, der erste doppelachsige Tempel bei Skorba sowie der Baubeginn des Tempels von Hagar Qim mit Spiralverzierungen und Trilithaltären.

ab 2800 v. Chr. In der Tarxien-Phase entstehen der Zentraltempel von Tarxien, die Gesamtanlage von Ggantija, Hagar Qim und Mnajdra sowie die unteren Stockwerke des Hypogäums. Vom Höhepunkt der handwerklichen Fähigkeiten des Steinschnitts zeugen komplexe Spiralmuster, Tierreliefs und realistische antropomorphe Skulpturen.

ab 2500 v. Chr. Die Megalithkultur erlischt, mehrere Hundert Jahre gibt es keine Besiedlungsspuren.

ab 2000 v. Chr. Von Sizilien aus wandern bronzezeitliche Siedler ein. Aus dieser Epoche stammen Brandbestattungen in Tarxien, Fliehburgen (Borg in-Nadur), Dolmengräber und Schleifspuren (Cart ruts). Erstes Auftreten von Metall.

um 900 v. Chr. Die Phöniker, das Seefahrervolk aus dem heutigen Libanon, machen Malta zu einem Stützpunkt ihrer Handelsrouten im westlichen Mittelmeer.

ab 800 v. Chr. Die phönikische Kolonie Karthago (Punier) steigt zur Handelsmacht im westlichen Mittelmeer auf. Als einer ihrer Stützpunkte steht Malta in Handelskontakten mit dem Osten.

◁ *Kunstvoll und symbolträchtig: Punkt- und Spiralzier auf dem Altarstein von Hagar Qim*

Römische Zeit

218 v. Chr. Im zweiten Punischen Krieg wird Malta von den Römern erobert. Nach der endgültigen Zerstörung Karthagos (146 v. Chr.) entwickelt sich die Insel zu einer Basis für die Handelsrouten nach Nordafrika.

60 n. Chr. Nach dem Bericht des Evangelisten Lukas erleidet der Apostel Paulus auf seiner Reise nach Rom Schiffbruch an Maltas Küste und leitet die Christianisierung ein.

2. Jh. Unter Kaiser Hadrian (117–138) wird Malta Municipium mit latinischem Stadtrecht. Neben den bestehenden punischen und römischen Kulten gewinnt das Christentum an Boden. Große frühchristliche Katakombenanlagen entstehen.

303 Vor Kaiser Diokletians Christenverfolgung (bis 311) fliehen zahlreiche Sizilianer nach Malta. Unter ihnen ist auch die hl. Agatha, heute die Patronin von Mdina und Victoria/Gozo.

Byzantinische Zeit

440 Die germanischen Vandalen, die unter Geiserich ein Reich in Nordafrika errichtet haben, greifen gegen Sizilien und Italien aus. Von Malta, vermutlich Teil ihres Herrschaftsgebietes, spannen sich Handelsbeziehungen bis Spanien, Sardinien und Korsika. Der Ein-

Gut erhaltene Mosaikböden in der Roman Villa von Rabat zeugen von der römischen Vergangenheit Maltas

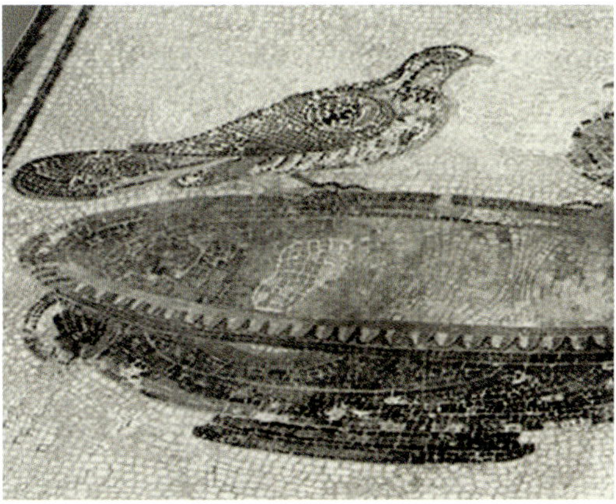

fluss der Vandalen bleibt jedoch gering, zumal sie die alte römische Verwaltung intakt lassen.

533 Unter dem byzantinischen Kaiser Justinian (527–65) erobert dessen Feldherr Belisarius mit Sizilien und Nordafrika auch Malta zurück. Für knapp 340 Jahre untersteht es oströmischer Herrschaft.

670 Die arabische Expansion im Zeichen des Islam erreicht Nordafrika. 698 fällt das byzantinische Karthago. Dadurch verliert Malta seine Bedeutung für die Handelsrouten.

Arabische Zeit

870 Die Truppen der Aghlabiden-Dynastie erobern Malta und Sizilien. Ein Großteil der byzantinischen Bevölkerung wird deportiert, der Rest tritt zum Islam über.

10. Jh. Das Aghlabiden-Reich wird zur kulturell führenden Macht der islamischen Welt. Unter arabischem Einfluss kommt es auf Malta zum Aufbau einer florierenden Landwirtschaft mit künstlicher Bewässerung. Die Araber hinterlassen zwar keine bedeutenden Monumente, doch ist die Sprache der Malteser bis heute eine arabische.

Normannen, Staufer, Angeviner

1090 Die Normannen aus Nordfrankreich, die zuvor das arabische Sizilien erobert hatten, unterwerfen unter Graf Roger I. (1061–1101) Malta. Die arabische Bevölkerung wird zu Tributzahlungen gezwungen. Rogers heraldische Farben (rot/weiß) bilden fortan die Landesflagge der Insel.

1194 Malta und Sizilien fallen durch Heirat mit Konstanze, Tochter Rogers II. und Erbin der Normannendynastie, an den deutschen Staufer-Kaiser Heinrich VI. 1198 tritt Friedrich II. die Nachfolge als König von Sizilien an.

1224 Friedrich II., seit 1220 deutscher Kaiser, beginnt mit der Zwangsbekehrung der arabischen Einwohner Maltas.

1268 Karl von Anjou erobert als Verbündeter des Papstes nach Friedrichs Tod das Königreich Sizilien.

Spanische Zeit

1282 Durch die ›Sizilianische Vesper‹, einen Aufstand gegen die französische Herrschaft, gewinnt Peter III. von Aragón, der rechtmäßige Erbe der Staufer, Sizilien. Malta wird an Adlige aus Sizilien verpachtet.

1397 Die Universitá von Mdina wird gegründet, ein Selbstverwaltungsgremium der maltesischen Noblen, das für Rechtsprechung und Verteidigung zuständig ist.

1485 Tod von Pietro Caxaro, dem Autor der ›Cantilena‹, des ältesten bekannten Texts in geschriebenem Maltesisch.

1522 Der Ritterorden der Johanniter, der 1291 aus dem Heiligen Land vertrieben und in der Folge eine unabhängige Herrschaft auf Rhodos aufgebaut hatte, muss nach sechsmonatiger Belagerung durch die Truppen des türkischen Osmanenreichs von dort abziehen. Damit ist nicht nur das östliche Mittelmeer vollständig in türkischer Hand. Verbündet mit den Korsaren an der Berberküste Nordafrikas bedrohen osmanische Schiffe auch die Küsten im Westen.

Johanniterzeit

1530 Der Johanniterorden erhält Malta von Kaiser Karl V. als Lehen. Die Johanniter, nun auch Malteserritter genannt, beginnen mit der Befestigung der Insel und machen Malta zum Bollwerk des Abendlands gegen die Türken.

1565 Während der ›Großen Belagerung‹ (Great Siege) besetzen die Osmanen die Insel vier Monate, ohne sie endgültig erobern zu können. Nach ihrem Abzug wird 1566 mit dem Bau Vallettas begonnen.

1571 In der Seeschlacht bei Lepanto vernichten Spanier, Venezianer und Malteserritter die osmanische Flotte, die Türkengefahr ist damit vorerst gebannt. Im selben Jahr werden die Mauern von Valletta vollendet, ein Jahr später wird der Grundstein für die Konventskirche des hl. Johannes gelegt.

◁ *Manoel Pinto de Fonseca, 68. Großmeister der Johanniter (gewählt 1741–73)*

1636–57 Großmeister Jean Lascaris Castellar lässt die Befestigungen von Floriana bauen. Am Grand Harbour entstehen Speicherhäuser und Werften, Valletta wird zu einer Handelsstadt. Der Orden widmet sich nun der Piraterie im Kampf gegen die ›Ungläubigen‹.
1670 Da nach der Eroberung von Kreta durch die Türken ein neuerlicher Angriff zu befürchten ist, beginnt der Bau der Verteidigungswerke der Cottonera Lines.
1741–73 Großmeister Manoel Pinto de Fonseca, der mit einer intensiven Bautätigkeit und prachtvoller Selbstdarstellung dem französischen Sonnenkönig nachzueifern versucht, führt den Orden in eine zunehmende Finanzkrise.
1775 Die ›Verschwörung der Priester‹, mit der der maltesische Klerus sich gegen die wachsenden Steuerforderungen des Ordens erhebt, fliegt auf und wird mit Massenhinrichtungen niedergeschlagen.
1792 In der französischen Revolution werden die Besitzungen des Ordens beschlagnahmt, der so den größten Teil seiner Einnahmen verliert.
1798 Napoleon landet mit seiner Flotte vor Malta und erreicht die kampflose Kapitulation von Großmeister Ferdinand von Hompesch. Die Johanniter müssen Malta verlassen und finden Exil am Zarenhof in St. Petersburg. Schon wenige Monate später bricht eine Rebellion der Malteser aus, die bei den Briten Hilfe suchen. Die französischen Besatzer sind gezwungen, sich in Valletta zu verschanzen.

Britische Kolonie

1800 Nach zweijähriger Blockade besetzen britische Truppen unter Kapitän Alexander Ball die Insel.
1814 Im Vertrag von Paris wird Malta als Besitz Großbritanniens anerkannt. Der erste Gouverneur Sir Thomas Maitland löst 1819 die seit 1397 bestehende Universitá auf.
1849 Malta erhält eine neue Verfassung, erstmals können die Malteser durch ein gewähltes Gremium, den Council of Government, Einfluss auf ihre Regierung nehmen. Die Kirche, ab 1858 unter einem Erzbischof, übernimmt Verwaltungsaufgaben im lokalen Bereich.
1869 Durch die Eröffnung des Suez-Kanals wird Malta zum zentralen Stützpunkt der Briten im Mittelmeer.
1914–18 Im Ersten Weltkrieg ist Malta wichtiger Hafen für die britische Ägyptenarmee und wird als ›Krankenschwester des Mittelmeers‹ berühmt.
1919 Die unter der Nachkriegsrezession leidende Bevölkerung demonstriert am 7. Juni gegen die Erhöhung der Brotpreise (Sette-Giugno-Aufstand). Bei der gewaltsamen Niederschlagung werden vier Malteser erschossen.
1921 Malta erhält das Recht, ein eigenes Parlament zu wählen, dessen Kompetenzen jedoch auf innere Angelegenheiten beschränkt sind.
1934 Englisch und Malti werden offizielle Landessprachen und lösen Italienisch als Gerichts- und Verwaltungssprache ab.
1940–42 Im Zweiten Weltkrieg erleidet Malta schwere Zerstörungen durch massive Bombenangriffe der deutschen Luftwaffe und wird von allen Versorgungstransporten abgeschnitten. Diese Notzeit geht als ›Zweite Große Belagerung‹ in die Geschichte ein. 1942 erhält Malta von König George VI. als ›Zeugnis von Heldenmut und Hingabe‹ das George Cross.
1947 Ein großes Wiederaufbauprogramm läuft mit britischer Finanzhilfe an. Die Sozialisten (Partit Laburista) unter Paul Boffa übernehmen die Regierung.
1955 Bei einer vom neuen sozialistischen Premier Dom Mintoff angesetzten Volks-

abstimmung entscheiden sich 74% der Bevölkerung für die Eingliederung Maltas in den Staatsverband des United Kingdom. London lehnt ab und stärkt so die Forderung nach Unabhängigkeit.

1962 Nationalisten (Partit Nazzjonalista) lösen die Sozialisten ab.

Unabhängigkeit und Republik

1964 Die konservative Regierung unter George Borg Olivier erklärt Maltas Unabhängigkeit. Oberhaupt des neuen Staats, der Mitglied des Commonwealth bleibt, ist Königin Elizabeth II.

1971 Die Sozialisten unter Dom Mintoff übernehmen die Regierung. Ihr Programm mit Ausbau staatlicher Sozialeinrichtungen, Schließung konfessioneller Schulen und Verstaatlichungen führt zum Konflikt mit der Kirche, der Züge eines gewalttätigen Kulturkampfs annimmt.

1974 Deklaration der Republik. Malta tritt der Gruppe der blockfreien Staaten bei, schließt einen Freundschaftspakt mit Libyen und kündigt das Truppenstationierungsabkommen mit Großbritannien.

1979 Nach Auslaufen der Militärverträge verlassen die britischen Truppen Malta.

1981 Obwohl die Konservativen 51% der Wählervoten erreichen, gewinnen die Sozialisten durch eine geschickte Neueinteilung der Wahlbezirke die Parlamentswahlen. Es kommt zu bürgerkriegsähnlichen Unruhen.

1984 Dom Mintoff tritt nach dramatischer Verschlechterung der wirtschaftlichen Situation zurück.

1987 Die Nationalisten unter Edward Fenech-Adami, der eine Korrektur des Wahlgesetzes ausgehandelt hatte, übernehmen die Regierung.

1991 Malta beantragt die Aufnahme in die Europäische Union.

1995 Malta tritt der Partnerschaft für den Frieden der NATO bei.

1996 Die Malta Labour Party (MLP) unter Führung von Alfred Sant erreicht einen knappen Wahlsieg. Die neue Regierung strebt den Beitritt zur europäischen Freihandelszone an, lehnt eine EU-Mitgliedschaft jedoch vorläufig ab.

1998 Edward Fenech-Adami von der Nationalistischen Partei wird wieder Ministerpräsident. Der EU-Aufnahmeantrag wird erneuert.

Der berühmteste Politiker und lange Zeit fast ein Synonym Maltas: Dom Mintoff

2001 In San Giljan wird der Portomaso Tower, erstes Hochhaus Maltas, fertig.

2003 In einer Volksabstimmung sprechen sich 54% der Stimmberechtigten für einen Beitritt Maltas zur EU aus.

2004 Am 1. Mai tritt Malta der Europäischen Union bei.

2006 Die ersten Bauten des groß angelegten Tigne Development Project in Sliema stehen vor der Vollendung.

Im Zweiten Weltkrieg wurde Malta als Basis der britischen Mittelmeerflotte und Station der Nachschublinien zwischen Ägypten und Gibraltar fast pausenlos bombardiert

Die spektakuläre Steilküste von Ta'Cenc auf Gozo

Unterwegs

›Il Belt‹ – die Stadt der Ritter

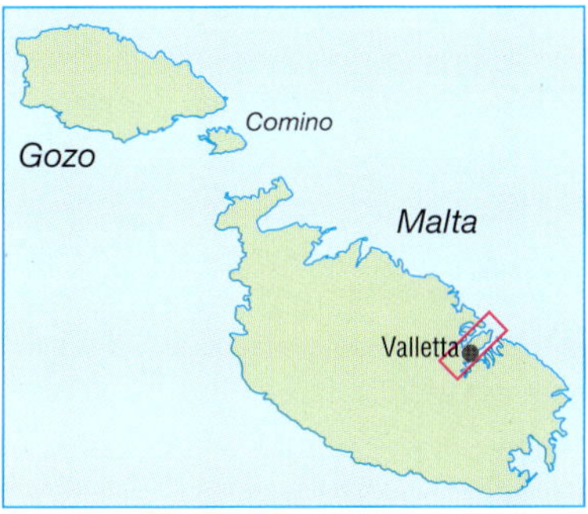

Gewaltige Bastionen rahmen die Hauptstadt Maltas, die sich zwischen den beiden Naturhäfen **Marsamxett** und **Grand Harbour** erstreckt. Valletta ist nicht groß – kaum 1500 m mal 800 m –, doch es hat viele Gesichter. Obwohl fast überall das Meer zu sehen ist, verliert man immer wieder die Orientierung in dem schachbrettartigen Straßennetz. Auf der Flaniermeile **Republic Street** scheint halb Malta unterwegs zu sein.

In den steilen Treppenstraßen zum Meer hin merkt man die Nähe Siziliens. In allen Farben leuchten die für Malta so typischen engen Holzerker vor dem goldgelben Stein der Mauern. Aber auch in den stillen Teilen der Stadt atmen fast alle Gebäude große Geschichte, erinnern an die Zeiten, als Valletta den Rittern des **Johanniterordens** gehörte und hier der Weg in die fernöstlichen Gebiete des britischen Empire begann. ›Il Belt‹ – ›die Stadt‹ nennen die Malteser heute noch ihre Kapitale, im Gegensatz zu ›Rahal‹, dem ›Dorf‹, in dem sie leben – auch wenn es mittlerweile ebenfalls schon zur Stadt geworden ist.

1 Valletta

Plan hintere Umschlagklappe

Eine Mischung aus Regierungsviertel, Einkaufszone und Geschichtslehrpfad.

Maltas stolze Hauptstadt war eine der ersten vollständig am Reißbrett entworfenen **Planstädte** Europas. Sie wurde 1566, nach der siegreich überstandenen Großen Belagerung [s. S. 52], gegründet und nach *Jean Parisot de la Valette*, dem damaligen Großmeister des Johanniterordens, benannt. Militärische Erfordernisse und die Ideale der frühen Neuzeit bestimmten den Grundriss, den *Francesco Laparelli da Cortona* (1521–1570), ein Festungsarchitekt der Medici und Schüler Michelangelos, schuf. Die Arbeiten, für die der spanische und französische König das Geld schickten, waren enorm: Quer über die gesamte Halbinsel wurde ein 15m tiefer Trockengraben gezogen, die Bastionen wurden direkt aus dem Felsen geschnitten. Wie ein Gitter sollten neun Straßen die Länge und zwölf Gassen die Breite der Landzunge durchlaufen; es war sogar geplant, den Felsrücken, der früher Monte Sciberras hieß, gänzlich einzuebnen. Da man davon aus Kostengründen bald Abstand nahm, fallen heute von der Republic Street aus die Treppengassen zu den beiden Häfen hin steil ab: zum Grand Harbour im Südosten und zum Hafen Marsamxett im Nordwesten.

◁ **Oben:** *Valletta, die Festungsstadt …*
Unten: *… mit steilen Gassenschluchten à la San Francisco*

Oldtimer und Imbissbuden

Das zentrale Busterminal auf dem weiten Platz rund um den **Triton Fountain** ❶ mit den drei burlesken Göttern, halb Mensch, halb Fisch, ist zugleich die erste Sehenswürdigkeit der Stadt. Wohl selten gibt es so viele, so fantasievoll bemalte Bus-Oldtimer zu bewundern wie hier. Das Terminal, Drehscheibe des Busverkehrs, gilt als das heimliche Zentrum Maltas. Alle, die mit dem Bus unterwegs sind – und auf Malta sind das fast alle –, müssen hier umsteigen. Dann hält man schnell einen Schwatz oder nascht an einer der Imbissbuden von maltesischen Köstlichkeiten wie den *Imqaret*, in Öl ausgebackenen Teigtaschen mit einer Dattel-Anis-Füllung.

Vor dem fast ›postmodernen‹ **City Gate** ❷, das 1964 die alte *Porta Reale* mit

Farbenfroh aufpoliert – die schönen Oldtimer-Busse Maltas warten am Triton Fountain auf Fahrgäste, die von hier aus zu anderen Orten der Insel gebracht werden

ihrer Zugbrücke ersetzte, beeindruckt der *Great Ditch*. Diesen gigantischen Festungsgraben ließen die Johanniter 1566 quer über die ganze Halbinsel aus dem Felsen schneiden. Von den zwei mächtigen Festungstürmen (Kavalieren) zu beiden Seiten des Tors, rechts der *St. John's Cavalier* [s. S. 34], links der *St. James Cavalier* [s. S. 32], sicherten die Kanonen die gesamte Landseite.

Entlang der Republic Street

Am City Gate beginnend, verläuft die **Republic Street** auf dem Kamm der Halbinsel längs durch die Stadt – bis hinunter zum berühmten *Fort St. Elmo* [s. S. 36], hinter dem hellblau das Meer schimmert. Die diversen Namenswechsel der Straße – unter den Johannitern hieß sie *Strada Reale*, zu britischen Zeiten *Kingsway*, nun offiziell *Triq ir-Repubblika* – zeichnen die geschichtlichen Umschwünge Maltas nach. Heute ist sie als Hauptgeschäftsstraße Vallettas die beliebteste Flaniermeile der Malteser und mit Ausnahme der frühen Nachmittagsstunden für den Verkehr gesperrt.

Gegenüber dem Tor liegt die Ruine des 1942 ausgebombten **Royal Opera House** ❸, das 1866 als Werk von *Edward Barry* in neoklassizistischem Stil entstand. Sie ist bis heute ein Mahnmal der furchtbaren Kriegsschäden, von denen nur 15 % der Häuser Vallettas verschont blieben [s. S. 36]. Von den Wunden, die der Stadt damals geschlagen wurden, zeugt auch der große, arkadengesäumte *Freedom Square*, ein Werk der Nachkriegszeit. Das schönste Gebäude hier ist der **Palazzo Ferreria** ❹ aus dem Jahr 1877. Der Name der Querstraße, Ordnance Street, erinnert an die Waffenschmiede der Johanniter, die einst hier stand.

Noch aus den Zeiten der Ritterherrschaft stammt die Kirche **Santa Barbara** ❺ etwas weiter an der Republic Street, ursprünglich die Kirche für die Landsmannschaft der Ordensleute aus der Provence. Die klassischen Reminiszenzen, etwa die ionischen Säulen und den Schriftfries, verdankt sie einem Umbau im 19. Jh. Jeden Sonntag finden hier Messen auch in deutscher Sprache statt.

Schräg gegenüber liegt die Kirche **St. Francis of Assisi** ❻ (Mo–Sa 9–11 Uhr), die 1598 gegründet und 1681 auf Kosten von Großmeister *Gregorio Carafa* im Stil des Barock umgestaltet wurde. Das Deckengemälde ›Die Apotheose des hl. Franziskus‹ stammt von dem maltesischen Maler *Giuseppe Cali* (1846–1930), einem Barockepigonen in der Tradition Tintorettos.

Die **Auberge de Provence**, die ehemalige ›Herberge‹ der provenzalischen Landsmannschaft, stammt wie alle anderen ritterlichen Repräsentationsgebäude dieser Art in Valletta von *Gerolamo Cassar* (1520–1586). Der in Gudja geborene Malteser hatte als Assistent von Francesco

In prunkvoll barockem Gewand zeigt sich die einstige Renaissancekirche St. Francis am Anfang der Republic Street. Großmeister Gregorio Carafa ließ sie 1681 umgestalten

Laparelli da Cortona begonnen und war 1568 zum neuen Stadtbaumeister ernannt worden. Die heutige manieristische Fassade der Auberge de Provence mit massigem Bossenwerk an den Ecken geht jedoch auf einen Umbau im Jahr 1638 zurück. Sehenswert ist der große Saal des *Piano Nobile*, der sich über die gesamte Front erstreckt und mit seinen bemalten Wandpaneelen sowie der beschnitzten Kassettendecke einer der schönsten Räume aus der Ritterzeit ist. Als im Jahr 1960 das Archäologische Nationalmuseum das Gebäude übernahm, wurden diese Räumlichkeiten wieder für die Öffentlichkeit zugänglich. Zuvor waren hier nur die Mitglieder des berühmten britischen Union Club erwünscht, der ab 1824 in der Auberge de Provence residierte. Die Bestände des **National Museum of Archaeology** 7 (tgl. 9–17 Uhr, letzter Einlass 16.30 Uhr, www.heritagemalta.org) gehen zurück auf die Sammlung von *Themistokles Zammit* (1864–1935), der als erster mit der planmäßigen Ausgrabung von Bauten aus der Jungsteinzeit begonnen hatte und 1903–35 Direktor des Museums war. Nach dem Umbau ab 1996 erstrahlt das Innere in neuem Glanz, zumindest im Erdgeschoss, das die neolithische Epoche (ca. 5200–2500 v. Chr.), vor allem die berühmte maltesische Megalithkultur dokumentiert. Der Umbau des Obergeschosses soll 2008 beendet sein. Die Objekte sind leider nur in Maltesisch und Englisch beschriftet. Besondere Beachtung verdienen die *Großplastiken* aus den **Tarxien-Tempeln** (2800–2500 v. Chr.), die gleich nach der Freilegung gesichert wurden und daher kaum Verwitterungsschäden aufweisen. Blockaltäre und Wandschranken sind mit verzweigten Spiralmustern vor einem Hintergrund aus feinen Punktbohrungen versehen, deren symbolische Bedeutung bis heute nicht geklärt ist.

Top Tipp

Unter den zahlreichen *Kleinexponaten* aus der maltesischen Frühgeschichte fallen vor allem die ›Magna Mater‹-Figuren auf, die einem festen Darstellungskanon folgen. Sehr oft besitzen die als Votivgaben entstandenen Abbilder der weib-

Einst Kultfigur von Hagar Qim, heute Schatz der Steinzeit im Archäologischen Museum

lichen Gottheit der Megalithiker eine Nut, um einen offenbar auswechselbaren Kopf zu befestigen. Die berühmtesten Plastiken sind aber die **Venus von Malta** aus Hagar Qim und die beiden **Schlafenden Priesterinnen**, winzige, fein modellierte Tonskulpturen mit polierter Oberfläche. Im Gegensatz zu den Votivfiguren sind sie überaus lebensecht gestaltet, die Venus nackt in üppiger Weiblichkeit, die Priesterinnen schlafend auf einer Holzbank. Große Bedeutung hatte die Entdeckung des **Cippus**, eines Doppelgrabsteins mit einer Anrufung des phönikischen Gottes Melkart aus dem 3. Jh. v. Chr. Diese Inschrift auf dem Sockel des Steins ist in phönikischer und griechischer Sprache ausgeführt und ermöglichte dem Franzosen *Abbé Barthélemy* im 18. Jh. die Entschlüsselung des Alphabets der Phöniker.

Reich und prachtvoll: St. John's Co-Cathedral

Vom Museum sind es nur wenige Schritte zum Blumenkiosk an der Ecke St. John's Street, dort geht es rechts zur TOP TIPP **St. John's Co-Cathedral** 8 (Mo–Fr 9.30–16.30, Sa 9.30–12.30 Uhr). Die dem hl. Johannes geweihte Kathedrale von Valletta wurde 1573–77 von Gerolamo Cassar als Konventskirche des Johanniterordens errichtet; die Seitenflügel mit der Sakristei (links) und der Residenz des Großpriors (rechts) wurden im 17. Jh. hinzugefügt. 1816 erhob Papst Pius VII. das nach dem Abzug des Ordens verwaiste Gotteshaus zur zweiten Kathedrale des Erzbistums Malta. Ausgestattet mit den gleichen Privilegien wie der Bischofssitz in Mdina, erhielt sie daher den merkwürdigen Titel einer ›Co-Kathedrale‹. Die **Fassade** mit dem antikisierenden Dreiecksgiebel entspricht dem Formenkanon des Manierismus mit Anklängen an den spanischen Desornamentado. Die beiden dreigeschossigen *Glockentürme* tragen oktogonale Spitzen, die im Zweiten Weltkrieg entfernt wurden, um dort Flak-Geschütze zu postieren, nun aber wieder aufgesetzt sind. Am rechten Turm ist ein dreiteiliges *Uhrwerk* aus der Johanniterzeit zu sehen, das die Stunde (ohne Minutenzeiger), den Wochentag und den Monatstag angibt.

Im Vergleich zu der schmucklosen Fassade wirkt das **Innere** der Kathedrale umso prächtiger – die Kirche wurde nicht nur von den Würdenträgern des Ordens reich bedacht, sondern war auch mit einem Pflichtteil beteiligt an der Beute der Karawanen, den Kaperfahrten der Galeeren des Ordens gegen muslimische Handelsschiffe. Das einschiffige Langhaus wird über 58 m von einem durchlaufenden *Tonnengewölbe* überdacht, was dem

Die schmucklose Fassade der St. John's Co-Cathedral verrät nichts von der Pracht im Inneren. Auf dem Platz vor dem Gotteshaus herrscht quirliges Treiben

Ritterliche Fußsoldaten in voller Rüstung in der Waffenkammer des Großmeisterpalastes

Die Zungen des hl. Johannes

Im Gegensatz zu anderen Ritterorden des Mittelalters, etwa den Templern oder den Deutschrittern, war der im 12. Jh. nach dem Ersten Kreuzzug gegründete **Orden vom Hospital des hl. Johannes** ›multinational‹ organisiert. Seine Mitglieder, die im Ordensjargon **Langues** (›Zungen‹) genannten Landsmannschaften, kamen aus allen europäischen Königreichen.

Besonders starken Einfluss hatten die Zungen der Provence, Nordfrankreichs, Aragóns und Kastiliens. Sie besaßen ausgedehnte Ländereien mit entsprechend hohen Einnahmen. Geringere Macht besaßen die italienische, die englische und die deutsche Landsmannschaft. Letztere umfasste alle Länder des deutschen Kaiserreichs, also von den Niederlanden bis nach Polen. Die spätere konfessionelle Zersplitterung der deutschen Territorien führte dann zur Spaltung des Ordens in die katholischen ›Malteser‹ und die protestantischen ›Johanniter‹ – doch das war lange nach dem Untergang ihrer Herrschaft auf Malta. Die **Zungen** waren in ihrem jeweiligen Gebiet zuständig für die Verwaltung der feudalen Lehensgüter, aus deren Einkünften der Orden sich finanzierte. Ferner übernahmen sie die Ausbildung der Novizen und bestimmte Ämter in der Ordenshierarchie, waren aber auch für die Verteidigung und Instandhaltung einzelner Abschnitte der Wallmauern verantwortlich. Die Herbergen dienten als Verwaltungs- und Repräsentationsbauten, zudem wurden dort die jungen Novizen untergebracht.

Um als **Ritter** in den Orden aufgenommen zu werden, hatte der Novize den Nachweis seines Adels zu erbringen, eine zweijährige Probezeit zu bestehen und ein Jahr Offiziersdienst auf einer Galeere zu absolvieren. Eine einfache Herkunft genügte allerdings für die Ordensangehörigen der Dienenden Brüder und Priester.

An der Spitze des Ordens stand der vom ›Rat der Sechzehn‹, den Großwürdenträgern der einzelnen Zungen, auf Lebenszeit gewählte **Großmeister**. Auf Malta genoss dieses Oberhaupt der Johanniter nahezu die Stellung eines weltlichen Fürsten.

Bau einen fast monumentalen Charakter verleiht. Die **Ausstattung** im reich dekorierten Stil des Seicento stammt von dem calabrischen Maler *Mattia Preti* (1613–1699). Im Jahr 1661 erhielt er den Auftrag zur Umgestaltung der Konventskirche. Fast 40 Jahre lang arbeitete er im Dienst der Johanniter und wurde dafür auch als ›Ehrenritter‹ in den Orden aufgenommen. Der im 19. Jh. leider schlecht

Prächtig von Kopf bis Fuß – das vom prunkvollen Marmorboden bis zur Deckenmalerei reich gestaltete Innere der St. John's Co-Cathedral ist eine der Hauptattraktionen Vallettas

übermalte *Bildzyklus* im Tonnengewölbe stellt Szenen aus dem Leben Johannes des Täufers, des Schutzheiligen der Ordensritter, dar. Mattia Preti entwarf auch die Vorlagen für die vergoldeten Hochreliefs an den Wänden. Sie zeigen Waffen, Rüstungen, Fabeltiere, heraldische Symbole der Großmeister und der Zungen [s. S. 23] sowie das achtspitzige Malteserkreuz, das Wappen des Ordens. Besonders prunkvoll ist aber der **Fußboden**, den annähernd 400 in Kosmatentechnik gearbeitete Grabplatten bedecken. Unter den wundervollen *Intarsienarbeiten* aus verschiedenfarbigem Marmor ruhen höhere Würdenträger des Ordens, deren Abstammung, Titel und Taten in lateinischer Sprache aufgelistet sind. Das Grab Mattia Pretis, der 1699 auf Malta starb, liegt vor dem ersten Pfeiler links vom Eingang. Nur die Großmeister wurden in aufwendig skulptierten Sarkophagen in den acht der 14 *Seitenkapellen* bestattet, welche den Zungen zugeordnet wurden.

Dem **Rundgang** folgend, verdient zunächst links die **Drei-Königs-Kapelle** der deutschen Landsmannschaft Beachtung. Sie ist mit *Wandreliefs* ausgeschmückt, die den doppelköpfigen Adler, das Wappentier des deutschen Kaisers, zeigen. Die *Grabplatten* am Boden tragen deutsche Namen – etwa *Wolfgang Philipp Baron von Guttenberg* (1733), der 63 Jahre lang auf Malta lebte, bis zum Großbailli der deutschen Zunge aufstieg und sich vor allem durch den Bau sozialer Einrichtungen auszeichnete. Unter dem Skelett ist das *Motto* zu lesen: ›Fuit et tu non eris. Fumus, humus sumus, et cinis est nostra ultima finis‹ (›Er ist gewesen, und du wirst nicht sein. Rauch, Erde sind wir, und Asche ist unser letztes Ende‹). Es folgt die **St. Catharina-Kapelle** der italienischen Zunge mit der Grabskulptur für Gregorio Carafa (1690), einer kostbaren Pietra-Dura-Arbeit des Faltenwurfs und der Säulen. Über dem Durchgang zur französischen Kapelle hängt eine Kopie des ›hl. Hieronymus‹ von *Caravaggio* (1608, Original im Oratorium), ein Porträt seines Gönners Alof de Wignacourt. Durch die St. Paulus-Kapelle der Zunge von Frankreich erreicht man links vom Chor die St. Michaels-Kapelle der Zunge der Provence. Dahinter öffnet sich die **Reliquienkapelle** mit einer Holzfigur des hl. Johannes, die von der berühmten Großen Karrake stammt, dem Flaggschiff des Ordens bei seiner Flucht aus Rhodos im Jahr 1522.

Gregorio Carafa verdankt die Kathedrale auch den *Hochaltar* aus Marmor, Lapislazuli und Gold im **Chor**. Die Figurengruppe der Taufe Christi in der Apsis ist ein Werk des Italieners *Giuseppe Mazzuoli* (1644–1725). Rechts vom Chor liegt die **Sakramentskapelle** mit der Nische der Madonna von Philermos. Die uralte namensgebende Marien-Ikone aus dem Philerimos-Kloster auf Rhodos soll 1798 an den Zarenhof überführt worden sein und ging dort in der Revolution verloren. Heute wird hier ein von *Gregorio Carafa* 1671 gestiftetes Madonnenbild verehrt. Als Siegeszeichen hängen hier noch die rostigen Schlüssel der osmanischen Festungen Hammamet, Lepanto und Passava, die 1601 von den Johannitern geplündert wurden.

Der Rundgang führt weiter durch das **Cathedral Museum & Oratory** (geöffnet wie die Kathedrale). Im Kathedralmuseum werden neben kostbaren Messgewändern, Chorbüchern und Sakralgeschirr des 15./16. Jh. 28 flämische *Tapisserien* aus der Brüsseler Hofmanufaktur des französischen Königs Ludwig XIV. gezeigt. Sie waren das Antrittsgeschenk des Großmeisters Ramon Perellos und wurden zwischen 1697 und 1700 von Judecos de Voss nach Entwürfen von *Peter Paul Rubens* und *Nicolas Poussin* hergestellt. Alljährlich zum Johannisfest am 24. Juni werden sie in der Kathedrale ausgehängt.

Nicht verpassen sollte man nun das **Oratorium**, das das Prunkstück der Kathedrale enthält: **›Die Enthauptung des hl. Johannes‹** von *Michelangelo da Caravaggio*. Dem Betrachter bietet sich die dramatische Momentaufnahme eines Geschehens, das der Maler hier in seinem charakteristischen realitätsnahen Stil eingefangen hat. Die Enthauptung ist mit dem ersten Schwertstreich nicht gelungen, und der Henker vollendet gerade sein Werk mit dem Messer. Links reicht Salome das Tablett für den Kopf des Johannes, während der Kerkermeister unbeteiligt die Vollendung anweist. Eine ältere Frau hebt klagend die Hände und schaut auf das hilflos am Boden liegende Opfer. In das Blut, das aus der Halswunde des Täufers strömt, schrieb der Künstler ›fr. michelang‹, die einzige Signatur in seinem Gesamtwerk – bezeichnend für einen Mann, der sogar einmal eine Wasserleiche als Modell verwendete.

Unter den Arkaden des Kathedralvorplatzes bietet das **Malta Crafts Center** (Mo–Sa 9.30–16.30 Uhr) einen Querschnitt maltesischen Kunsthandwerks an. Lohnend ist auch ein Abstecher in die Zachary Street, die zu den besseren Einkaufsstraßen Vallettas zählt.

Ein Szenario des Schreckens: Die ›Enthauptung des hl. Johannes‹ im Oratorium der St. John's Co-Cathedral

Michelangelo da Caravaggio

Der 1573 in Caravaggio bei Bergamo geborene Maler gilt als ein Hauptmeister des frühen Barock und einer der größten Naturalisten seiner Zeit. Nach seinen Lehrjahren in Mailand ging er 1592 nach Rom, wo er seine einmalige Hell-Dunkel-Technik (Chiaroscuro) und einen realitätsnahen Malstil entwickelte, der seine Zeitgenossen schockierte und für großes Aufsehen sorgte.

Als der berühmte, doch streitsüchtige Caravaggio 1606 nach einer Messerstecherei aus Rom fliehen musste, kam er mit Protektion des Großmeisters Wignacourt nach Malta. Dort entstand 1608 das Bild ›Die Enthauptung des hl. Johannes‹, das als sein bedeutendstes, aber auch furchtbarstes Werk gilt. 1609 musste Caravaggio auch aus Malta flüchten, setzte über nach Sizilien und starb ein Jahr später, 37 Jahre alt, im Kerker in Porto d'Ercoli am Fieber.

Sein Chiaroscuro, das völlig neue Maßstäbe malerischer Intensität und Raumwirkung setzte, hat die bildende Kunst des gesamten folgenden Jahrhunderts beeinflusst.

Diskussionen, Debatten und Alltagsgespräche – der Great Siege Square ist ein beliebter Treffpunkt für ein Plauderstündchen unter Männern

Great Siege Square und Republic Square

Zurück auf der Republic Street erreicht man nach wenigen Metern den kleinen **Great Siege Square**. Vor dem bombastischen **Justice Court** 9, der 1967 auf den Fundamenten der 1942 durch Bomben zerstörten Auberge d'Auvergne errichtet wurde, verbummeln die alten Männer ihre Zeit und debattieren über die neuesten Ereignisse des Tages. Das Monument von *Antonio Sciortino* erinnert an die Große Belagerung durch die Armee des osmanischen Sultans im Jahr 1565. Hier werden alljährlich am 8. September, dem Tag des Abzugs der Türken (heute nationaler Feiertag), Kränze niedergelegt.

TOP TIPP Unbestrittener Mittel- und Treffpunkt der Stadt ist der **Republic Square**, über dem die Marmorstatue von Queen Victoria aus dem Jahr 1891 thront. Hinter den vielen Sonnenschirmen der altehrwürdigen Kaffeehäuser fällt die **Bibliotheca** 10 (Mo–Sa 9.30–12 und 13–16.30 Uhr, Tel. 21224044) kaum auf. Der klassizistische Bau mit seinem hohen Arkadengang entstand 1796 als letztes Bauprojekt des Ordens und ist heute Nationalbibliothek. Die Sammlung geht auf die 1555 gegründete Ordensbibliothek zurück und enthält das gesamte Archiv der Johanniter bis 1798, aber auch modernere Werke. In seinem alten *Lesesaal* sind in Vitrinen einige der historisch bedeutenden Dokumente ausgestellt.

Im Untergeschoss zeigt das Café Premier die modernste der vielen ›Kopfhörer-Shows‹ Maltas: **The Great Siege** (tgl. 10–16 Uhr, www.cities.com.mt) informiert eindrucksvoll über die Ereignisse rund um die Große Belagerung.

Machtvoll und elegant: Palace of the Grand Masters

TOP TIPP Direkt an den Republic Square grenzt der **Palace of the Grand Masters** 11 (bei offiz. Anlässen kein Eintritt, Zugang zu State Rooms und Waffenkammer nur über Merchants Street zugänglich, Öffnungszeiten s.u.), einst Sitz der Großmeister des Johanniterordens. Ab 1800 war er Residenz der britischen Gouverneure, heute dient er als Sitz des Präsidenten und des Parlaments der Republik Malta. 1571 begann *Gerolamo Cassar* mit dem Bau, doch erst im 18. Jh. bekam er seine heutige Gestalt mit den um die Ecken verlaufenden Holzgalerien und zwei großen Barockportalen auf der Frontseite zum Palace Square. Der rechts gelegene Eingang führt in den **Prince Alfred Court**. Diesem ersten Innenhof spenden exotische Bäume Schatten, die 1858 aus den fernöstlichen Kolonien importiert und hier gepflanzt wurden. Leider kaum zu sehen ist das *Uhrwerk* auf dem Dach über dem Löwenpor-

Armoury Corridor im Großmeisterpalast – Inbegriff von Macht und Herrlichkeit ▷

Fantasie wie 1001 Nacht – die Tapisserien ›Les Tentures des Indes‹ in der Tapestry Chamber des Großmeisterpalasts erzählen von fernen Ländern, Exotik und Abenteuer

tal, das eine exakte Kopie des Werks am Torre dell'Orologio in Venedig darstellt: Zwei Figuren, die als türkische Diener gekleidet sind, schlagen die Stunde. Darunter wird neben Stunde, Wochentag und Monat noch die Mondphase angezeigt. Etwas tiefer liegt der zweite Innenhof, auf den sich das linke Portal öffnet: Der **Neptune Court** ist nach der Bronzeskulptur benannt, die sich hier auf einem Podest unter den Palmen erhebt. Sie ist die Kopie einer Figur von *Giovanni da Bologna*, mit der Alof de Wignacourt 1612 einen Brunnen am Fischmarkt krönte. Im Gebäudetrakt gegenüber dem Eingang befanden sich die Pferdeställe, der Wandbrunnen mit dem Wappen von Ramon Perellos diente als Tränke.

In den Stallungen ist heute die **Armorija** (Waffenkammer, Fr–Mi 10–16 Uhr, letzter Einlass 16.30 Uhr, www.heritagemalta.org) untergebracht, die einst Rüstungen für 25 000 Soldaten besaß. Mit 5700 erhaltenen Stücken soll sie eine der größten Sammlungen des 16./17. Jh. sein. Ausgestellt sind Panzerungen aus französischen, mailändischen und venezianischen Schmieden, Hellebarden, Gewehre, Kanonen sowie eine komplette Schlachtordnung von Fußsoldaten in voller Kampfmontur. Zu den wertvollsten Exponaten gehören die 55 kg schwere, goldverzierte Paraderüstung von Alof de Wignacourt (reg. 1601–22) und die Prunkrüstung von Großmeister Martin de Garzez (reg. 1595–1601).

Die **State Rooms** (Fr–Mi 10–16 Uhr, letzter Einlass 15.30 Uhr, www.heritagemalta.org), die Zimmerfluchten im Piano Nobile, dienen heute als Empfangsräume des maltesischen Präsidenten, können aber besichtigt werden. Vom Neptunshof führt eine breite Wendeltreppe hinauf, der Besuchereingang liegt jedoch neben dem Eingang zur Armorija. Von dort gelangt man direkt in den **Armoury Corridor**, den prunkvollen Flur vor dem heutigen Parlamentssaal, einst die Rüstkammer der Johanniter. Den *Marmorboden* schmücken Wappen des Ordens, seiner Landsmannschaften sowie der Republik Malta in Einlegearbeit. Die Bemalung der Decke und Wände stammt von *Niccolo Nasini da Siena* (1691–1773) und ist 1723–25 entstanden. Die Porträts bilden eine komplette Galerie der Ordensgroßmeister auf Malta.

Im früheren Kleinen Ratssaal, heute **Tapestry Chamber** genannt, tagte lange Zeit das Parlament: Das Gestühl ist noch vorhanden, links saß die Regierung, rechts die Opposition, auf den Bänken vorne die Presse. Hier werden die zehn *Tapisserien* des Zyklus ›Les Tentures des Indes‹ gezeigt, die Ramon Perellos im Jahr 1700 in der königlichen Gobelinmanufaktur Ludwigs XIV. herstellen ließ. Die Entwürfe für die Darstellungen der

Der Rote Saal oder Ambassador's Room im Großmeisterpalast bietet einen wahrhaft glanzvollen Rahmen für den Empfang von Diplomaten – aber auch für eine Besichtigung

Flora und Fauna der ›Neuen Welt‹ gehen zurück auf eine Reise des Prinzen Johann Moritz von Nassau-Siegen als Gouverneur der holländischen Westindischen Gesellschaft in Brasilien (um 1640), die Ausführung stammt von *Le Brun*. Da die exotischen Szenen an europäischen Fürstenhöfen sehr begehrt waren, sind die Wandbehänge zahlreich nachgearbeitet worden. Dieser Satz soll jedoch der älteste vollständig erhaltene sein. Ein breiter gemalter Fries über den Gobelins schildert die Seeschlachten des Ordens.

Die **State Dining Rooms** am Beginn des Korridors sind mit Porträts von Mitgliedern des englischen Königshauses (Stand 1960er-Jahre) geschmückt. Die anschließende **Hall of the Supreme Court** ist heute der Empfangssaal des Staatspräsidenten. Hier reihen sich auf einem umlaufenden Fries Szenen aus der Großen Belagerung von 1565, die der Michelangelo-Schüler *Matteo Perez da Leccio* (1547–1629) um 1580 malte. Gegenüber dem *Stuhl des Großmeisters*, der nun dem Präsident bei offiziellen Anlässen einen würdigen Sitzplatz bietet, ist ein vergoldeter Balkon zu sehen, den Szenen aus der Schöpfungsgeschichte im Stil des 15. Jh. schmücken. Das Holz soll noch aus der Admiralsgaleere des Ordens aus seiner Zeit auf Rhodos stammen.

Die beiden folgenden Räume, der **Rote Saal** (Ambassador's Room) und der **Blaue Saal** (Pages' Waiting Room), sind im Louis-Quinze-Stil eingerichtet und verdanken ihren Namen den Farben ihrer Damastauskleidung. Die Friese erzählen Szenen aus der Geschichte der Johanniter in Palästina und auf Rhodos.

Palace Square und Merchants Street

Auf dem **Palace Square** (Misrah San Gorg), an nationalen Feiertagen ein Schauplatz für Militärparaden, erinnert ein *Bronzemonument* an den Sette-Giugno-Aufstand [s. S. 14]. Am Platz warten immer einige *Karrozzini* auf Kundschaft: Von diesen Pferdedroschken aus der Tradition des kolonialen Empire kann man sich angenehm durch Valletta kutschieren lassen. Der Preis ist Verhandlungssache, jedoch sollte man die Strecke vorher festlegen! Unterhalb des Palace Square ist die Weinbar *Labyrinth 1585* (44 Strait Street) eingezogen. Schon der labyrinthische Stadtpalast selbst ist sehenswert, doch auch die Küche lohnt den Besuch.

An der Republic Street, die nun zum Fort St. Elmo hin abfällt, ist vor allem die **Casa Rocca Piccola** 12 (Mo–Sa 10–16 Uhr, stündl. eine Führung, www.casarocca piccola.com) sehenswert. Im Erdgeschoss dieses mit historischen Möbeln und Erinnerungen vollgestopften Stadtpalastes wurde zudem ein schönes Lokal eingerichtet.

Die typischen Balkonhäuser verleihen den Straßen Vallettas einen besonderen Charme

Über die Christopher Street erreicht man rasch die **Merchants Street**, die als zweite Hauptachse Vallettas parallel zur Republic Street verläuft. Richtung Fort St. Elmo [s. S. 36] ist die traditionsreiche ›Straße der Händler‹ eher eine stille Wohnstraße mit einigen altertümlichen Lädchen und Werkstätten. Wendet man sich in Richtung City Gate nach rechts, erreicht man nach wenigen Schritten das Collegium des Jesuitenordens mit der Kirche **Ta' Giezu (Il Gesù)** 13 (Mo–Sa 9–12 Uhr) an der Archbishop Street. Das von außen eher unauffällige Gotteshaus, das 1592 mit finanzieller Unterstützung des spanischen Königs erbaut wurde, beeindruckt im Inneren durch eine Barockausstattung von *Francesco Buonamici* (1596–1677) mit drei überkuppelten Schiffen und zahlreichen Spiralsäulen. Das *Collegium* der Jesuiten war Vorläufer der *University of Malta*, die seit 1969 auf dem Hügel über dem Msida Creek untergebracht ist. Seit 2003 beherbergt der Bau das Hauptbüro von *Heritage Malta*, der Verwaltung der Kulturstätten der Insel.

An der Old Theatre Street liegt, gleich gegenüber der Rückfront des Großmeisterpalastes, die 1859 als Eisenkonstruktion errichtete **Markthalle** 14 Vallettas, die nun zu einer Ladenpassage umgebaut ist: Dort kann man in maltesischen Spezialitäten schwelgen. Hier beginnen auch die Stände des täglich bis etwa 13 Uhr stattfindenden **Il-Monti-Markts**, auf dem man außergewöhnliche Souvenirs aus dem ›wahren‹ Malta entdecken kann: kitschige Jesusbilder neben T-Shirts mit Aufdrucken der aktuellsten Hard-Rock-Helden, Spitzenunterwäsche neben Kopftüchern – aber auch CDs aller gängigen Pop-Gruppen, billig und wahrscheinlich Raubkopien. Doch Vorsicht: Manch ein Käufer hat beim Zoll schon Probleme mit dieser ›heißen‹ Ware bekommen. Der nächste bedeutende Bau an der Merchants Street ist die **Banca Giuratale** 15, ein Verwaltungsgebäude aus der Amtszeit Marc Antonio Zondadaris (reg. 1720–22), dessen Wappen das Portal ziert.

Die folgende Querstraße, **St. Lucia Street**, war ebenso wie die Old Treasury Street durch ihre Nähe zum Palace of the Grand Masters [s. S. 26] immer eine der besten Geschäftslagen der Stadt und berühmt für ihre *Gold- und Silberschmiede*. Manche der heutigen Läden zeigen noch ihre schöne alte Front und werden von Familien geführt, die schon im 18. Jh. hier ansässig waren.

Von der St. Lucia Street nach links die St. Paul Street hinunter führt ein Abstecher zur Kirche **St. Paul's Shipwreck** 16 (Mo–Sa 9–12 Uhr), deren pompöse Hauptfassade im ›Post-Barock‹-Stil aus dem Jahr 1885 datiert. Das Gotteshaus selbst wurde schon 1569 von *Gerolamo Cassar* begonnen, 1639 umgebaut und erhielt durch den maltesischen Baumeister *Lorenzo Gafà* 1680 die Sakramentskapelle sowie den ovalen Kuppelbau. Ein Werk seines Bruders *Melchiore Gafà* ist die prächtig bemalte, lebensgroße *Holzstatue* des hl. Paulus von 1657 im goldstrotzenden Inneren, die alljährlich beim Patronatsfest am 10. Februar durch die Straßen getragen wird. Bei dieser feierlichen Gelegenheit ist ebenso wie in der Osterwoche auch der außerordentlich reiche Sakralschatz ausgestellt. Das große Altarbild von *Matteo Perez da Leccio* schildert den biblisch bezeugten ›Schiffbruch des Apostels Paulus‹ an Maltas Küste [s. S. 91], dem die Kirche geweiht ist.

Für eine Pause mitten im Markttrubel bietet sich die **Bar Luciano Cettina** an der Ecke zur St. John's Street an, in der man die ganze Palette maltesischer Snacks fürs zweite Frühstück (und einen guten Cappuccino) erhält. Dann kommt man zur 1748–60 entstandenen **Castellania** 17, früher das Zivil- und Kriminalgericht des Johanniterordens, in dem heute das Gesundheitsministerium Maltas untergebracht ist. Sogar der *Pranger* an der Hausecke zum St. John's Square, an dem die Missetäter den Schmähungen der

Gold und Silber im Ambiente von einst – Schmuckgeschäft in der St. Lucia Street

Öffentlichkeit preisgegeben wurden, ist noch zu sehen. Die Statuen im marmornen Schmuckfeld über dem *Portal* symbolisieren die Gerechtigkeit (mit Schwert) und die Wahrheit (mit Spiegel).

Vor der Kreuzung zur Melita Street erhebt sich rechts die Kirche **St. James'** 18, die Kapelle der kastilischen Zunge, die 1710 durch *Romano Carapecchia* ihre heutige Gestalt eines Zentralbaus in elliptischer Form erhielt. Das nächste Gebäude auf derselben Straßenseite ist die

Mit forschem Schritt voran – die Statue des ersten Sozialistenführers Manwell Dimech scheint zur Auberge de Castille et Léon, Sitz des Ministerpräsidenten, hinüber zu grüßen

Ein lauschiges Plätzchen, nicht nur in den Abendstunden – unter den Arkaden der Upper Barracca Gardens kann man es sich bequem machen, bummeln oder den Ausblick genießen

Auberge d'Italie 19, die Herberge der Italiener. Auch dieser große Palast geht auf einen Entwurf von *Gerolamo Cassar* (1574) zurück, erhielt aber 1683 unter Großmeister Gregorio Carafa, dessen Wappen und Bronzebüste das Hauptportal zieren, eine neue Fassade. Früher als Hauptpost genutzt, wurde der Bau jetzt renoviert und beherbergt die Tourismusbehörden der Republik. Im **Palazzo Parisio** 20 gegenüber, um 1760 als Palast einer Adelsfamilie errichtet, sitzt jetzt das Außenministerium. Der Bau war Hauptquartier *Napoleon Bonapartes*, der hier vom 12. bis 18. Juni 1798 residierte.

Rund um den Castille Place

Den Castille Place, den Hauptverkehrsknotenpunkt der Hauptstadt, beherrscht die **Auberge de Castille et Léon** 21, die ›Herberge‹ der kastilischen Zunge. Dieser eleganteste Palast Vallettas wurde 1744 von dem maltesischen Architekten *Domenico Cachia* anstelle eines schlichten Vorgängerbaus aus der frühen Zeit der Ordensherrschaft errichtet. Über dem prächtigen Eingangsportal thront die Bronzebüste von *Manoel Pinto*. Der Bau dient heute als Amtssitz des maltesischen Ministerpräsidenten. Rund um das Machtzentrum Maltas wurden in den ›linken‹ 1970er-Jahren zwei *Statuen* früher Helden der maltesischen Arbeiterbewegung aufgestellt. Vor der Auberge grüßt *Manwell Dimech* (1860– 1921), der erste Sozialist Maltas, vor den mächtigen Mauern des St. James' Cavalier blickt *Sir Paul Boffa*, der erste Premier der Labour Party, die Merchants Street hinunter.

Die Kirche **Ta' Vittoria** 22 (Our Lady of Victories, Mo–Sa 8.30–11 Uhr) hinter ihm ist das älteste Gotteshaus Vallettas. Den Grundstein legte 1566 noch Großmeister *La Valette* kurz nach dem Sieg in der Großen Belagerung. Im 17. Jh. entstand die heutige Fassade mit der Büste des Papstes Innocenz XI. über dem Portal.

Die Kirche **Santa Catarina d'Italia** 23 direkt gegenüber war das Gotteshaus der italienischen Zunge des Johanniterordens, die ihre Herberge gleich dahinter hatte. Der oktogonale Zentralbau mit einer kleinen wohlproportionierten Vorhalle ist ein Werk von *Romano Carapecchia* (1668–1738), der als Militärarchitekt für den Orden arbeitete und in Valletta drei weitere Kirchen mit Zentralplan schuf (u.a. Santa Barbara und St. James). Als Kulturzentrum ist jetzt der **St. James Cavalier** 24 (www.bjcav.org) eröffnet worden, meist finden dort Wechselausstellungen statt, es gibt aber auch ein Kino und Theatervorstellungen.

Auf der anderen Seite des Castille Place erreicht man den Eingang der **Upper Barracca Gardens** 25 (im Sommer tgl. 7–22 Uhr, sonst bis 18 Uhr), die den schönsten Ausblick über den Grand Harbour bieten. Sie liegen auf der St. Paul's Bastion, für deren Verteidigung einst die italienische Zunge zuständig war und wurden daher früher ›Belvedere d'Italia‹

genannt. *Skulpturen* und Monumente aus dem 19. und 20. Jh. erinnern in den blumenreichen Gärten an bedeutende Persönlichkeiten. Auch eine Figurengruppe von *Antonio Sciortino*, ›Les Gavroches‹ (Die Gassenjungen), ist hier aufgestellt. Die umlaufenden *Arkaden* waren, damals noch überdacht, ein konspirativer Treffpunkt der ›Verschwörung der Priester‹, die 1775 wegen einer Steuererhöhung einen Aufstand gegen die Ordensregierung anzetteln wollten. Die Sache flog auf, die Aufrührer wurden zum Tode verurteilt – und die Arkaden abgedeckt. Täglich um 12 Uhr wird aus den Gärten die *Noon Day Gun* von Soldaten in britischen Uniformen des 19. Jh. abgefeuert.

Von den Upper Barracca Gardens führt ein Abstecher zur Hafenfront durch die *St. Ursula Street*, eine der typischen Treppenstraßen Vallettas. Der Platz vor dem altgedienten **Hotel Grand Harbour** (Tel. 21 24 60 03) lässt vergangene Zeiten lebendig werden, fast wartet man darauf, einen Ritter mit seinen Pagen um die Ecke biegen zu sehen. Über eine Treppe geht es hinunter zum **Victoria Gate** 26, das 1884 das frühere schmale Del-Monte-Tor ersetzte. Hafenseitig schmücken es die damaligen Wappenschilder Maltas und Vallettas, darüber prangen die Wappentiere und die Krone Großbritanniens mit dem Monogramm der Königin Victoria.

Der Platz gleich rechts hinter dem Tor, auf dem heute moderne Wohnhäuser stehen, war früher bekannt als **Gnien is-Sultan**, ›Garten des Sultans‹. Dabei handelt es sich nicht um eine Anspielung auf die Osmanen, sondern auf den Großmeister, der damals von den Maltesern ›Sultan‹ genannt wurde. Unten am Kai mit den unter Großmeister Perellos zu Beginn des 18. Jh. erbauten Warenhäusern ankerten früher die großen Dreimastschoner. Bei der barocken Kirche **Notre Dame de Liesse** 27 kurz vor dem Lascaris-Tunnel finden beim Malta Jazz Festival im Sommer Konzerte statt.

Die vielleicht außergewöhnlichste Sehenswürdigkeit ist aber die in den Stollen tief unter den Upper Barracca Gardens eingegrabene Einsatzleitstelle der britischen Mittelmeerflotte im Zweiten Weltkrieg. Die **Lascaris War Rooms** 28 (Mo–Fr 9.30–15.30, Sa/So 9.30–12 Uhr, 45 Min. Walkman-Führung in Englisch und in Deutsch) sind vom Ende des Gnien is-Sultan oder auch von der Gerolamo Cassar Street am Castille Place zu erreichen. Man schlendert durch die mit lebensgroßen

Napoleons Stippvisite

Der kleine Korse, gerade mit großer Flottille unterwegs nach Ägypten, hatte den Auftrag erhalten, ›en passant‹ das strategisch wichtige Malta zu annektieren. Damals standen die Dinge für den Johanniterorden nicht günstig: Die Malteser waren zunehmend mit seiner Herrschaft unzufrieden, intern sympathisierten viele Ritter aus den französischen Zungen mit den Ideen der Aufklärung, und 1792 hatte die Revolutionsregierung sämtliche französischen Kommenden enteignet, aus denen der Orden den Hauptteil seiner Einkünfte bezog.

Die Zeichen der Zeit erkennend, hatten die Johanniter **Ferdinand von Hompesch**, einen Deutschen mit guten Beziehungen zum russischen Zarenhaus, als Großmeister gewählt, um sich von dieser Seite Unterstützung zu sichern. Als Napoleon mit seinen 400 Schiffen vor Valletta aufkreuzte und um Einfahrt in den Grand Harbour bat, um Frischwasser aufzunehmen – faktisch eine Aufforderung zur Kapitulation –, war aber auch von Hompesch machtlos. Er lehnte zwar ab, doch Napoleon landete des Nachts ein Artilleriekontingent in der Bucht von Marsaxlokk und stand am folgenden Morgen vor den Toren der Stadt. Die Malteser begrüßten Napoleon als Befreier, die französischen Ritter verhandelten bereits mit dem Korsen, und der Großmeister war allein in seinem Palast – da blieb nur die **Kapitulation**. Die eine Woche, die Napoleon auf Malta verbrachte, reichte völlig aus – um von Hompesch mit allen Rittern ins Exil zu schicken und um unschätzbare Preziosen an Bord der ›Orient‹ zu nehmen, die aber wohl mitsamt dem Flaggschiff bei Aboukir auf den Meeresgrund sanken…

Die neue Herrschaft auf Malta sollte nicht lange währen. Kaum drei Monate später musste sich die französische Garnison vor einem Ansturm meuternder Malteser hinter den Mauern Vallettas verschanzen. Dem von den Widerständlern zu Hilfe gerufenen Geschwader der **Briten** konnten sie noch zwei Jahre standhalten, bis sie am 5. September 1800 schließlich kapitulieren mussten.

Puppen ausstaffierte *Fliegerwarte* oder das *Büro von General Eisenhower* bei der Sizilien-Operation und lässt sich die entscheidenden Etappen der Kriegsjahre erklären, etwa den großen Schnellbootangriff auf den Grand Harbour oder den Santa Marija Convoy von 1942.

Am Marsamxett-Hafen

In einem prunkvollen Palazzo in der South Street, der 1761 von den Johannitern als Gästehaus errichtet wurde und seit 1821 als Residenz der britischen Admiralität diente, ist das **National Museum of Fine Arts** 29 (tgl. 9–17 Uhr, letzter Einlass 16.30 Uhr, www.heritagemalta.org) untergebracht. Die Exponate decken das europäische Kunstschaffen vom Florentiner Quattrocento bis zum Futurismus ab. Neben den Werken der italienischen und der flämischen Schule verdienen im **Obergeschoss** vor allem zwei eng mit Malta verbundene Künstler Beachtung: *Mattia Preti*, genannt Il Calabrese, lebte von 1661, als er den Auftrag zur Ausgestaltung der heutigen St. John's Co-Cathedral übernahm, bis zu seinem Tod 1699 auf der Insel. Er war stark von Caravaggio [s. S. 25] beeinflusst und bemühte sich wie dieser um eine illusionistisch übersteigerte Perspektive und intensive Dramatik (Saal 12–13). Der maltesische Bildhauer *Antonio Sciortino* (1881–1947) ist mit zahlreichen Gipsmodellen vertreten (Saal 7, Nebenraum). Anfangs inspiriert von Paul Trubetzkoj, einem russischen Rodin-Schüler, wandte er sich 1910 dem neuen, in Italien aufgekommenen Futurismus zu. Internationale Anerkennung gewann er mit einem Denkmal für den russischen Schriftsteller Sewtschenko in Kiew. Einige in Bronze ausgeführte Vorstudien, etwa für ein Denkmal des lateinamerikanischen Befreiungshelden Simon Bolivar, sind im **Erdgeschoss** (Saal 16 und 25) zu sehen. Hier beeindrucken außerdem Großmeisterporträts sowie Hafenszenen vom Valletta des 18. Jh. Im **Kellergeschoss** werden Wechselausstellungen mit zeitgenössischen Werken maltesischer Künstler gezeigt.

In der Festung **St. John's Cavalier** 30 am Ende der Zekka Street ist heute die Botschaft des Souveränen Malteser Ritterordens untergebracht, der seit Mitte des 19. Jh. in Rom beim Vatikan seinen Hauptsitz hat und mit 93 Staaten diplomatische Beziehungen unterhält. Der amtierende Großmeister besucht noch heute einmal im Jahr den früheren Hauptsitz. Inzwischen sind die Malteser sogar nach Fort St. Angelo zurückgekehrt, selbst eine Rückgabe als eigenständiges Sonderterritorium ist im Gespräch. Die **Hastings Gardens** 31 hinter dem Cavalier sind zwar gärtnerisch etwas trostlos, doch bietet sich von der St. Michael's Bastion ein schöner *Ausblick* über den Marsamxett-Hafen, auf Manoel Island mit den Arkaden des Lazzaretto, einer Quarantäne-Station der Johanniter, sowie das Häu-

Hohe Kunst in edlem Ambiente – das in einem prächtigen Palast eingerichtete National Museum of Fine Arts ist schon allein seiner Räumlichkeiten wegen einen Besuch wert

Überragende Kuppel – die erst 1958 wieder aufgebaute Kirche Our Lady of Mount Carmel bildet einen markanten Blickpunkt in den Straßen Vallettas

sermeer von Sliema und Msida. Von der *St. Michael's Bastion* und der *St. Andrew's Bastion*, der höchsten Vallettas, geht es teils über Treppengassen hinunter zum Fischerhafen unterhalb der **Pjazza Mattia Preti** 32, wo auch die *Schnellfähre* von The Strand in Sliema anlegt.

Weiter an der Uferringstraße entlang kommt man zum **German Curtain** 33, zur ›Deutschen Kurtine‹, die die Ritter aus dem Kaiserreich verteidigen mussten. Auf dem Platz der einstigen Auberge d'Allemagne am *Independence Square* erhebt sich heute jedoch die anglikanische **St. Paul's Cathedral** 34, die einem Besuch der britischen Königswitwe Adelaide im Jahr 1839 zu verdanken ist: Da ein Gotteshaus ihrer Konfession auf der Insel fehlte, entschloss sie sich zur Stiftung des Kirchengebäudes, dessen neoklassizistische Fassade und spitzer Glockenturm jedoch kaum in die Stadtlandschaft Vallettas passen wollen.

Die **Auberge d'Aragón** 35 gegenüber, heute Sitz des Wirtschaftsministeriums, ist das beste Beispiel der frühen Ritterherbergen in Valletta, denn bis auf den Portikus des Haupteingangs blieb sie im ursprünglichen, 1571 von *Gerolamo Cassar* entworfenen Zustand erhalten. Das Denkmal vor der Herberge erinnert an *Dun Mikiel Xerri*, einen Priester, der als Führer der Malteser gegen die französische Besatzung 1799 erschossen wurde [s. S. 33].

Die in der West Street hinter der Auberge gelegene **Ta'Pilar** 36, die Patronatskirche der Zunge von Aragón, datiert aus dem Jahr 1610. Die elegante Fassade und die prunkvolle *Innenausschmückung* stiftete Ramon Perellos 1718.

Erst 1958 entstand die Kirche **Our Lady of Mount Carmel** 37 (Mo–Sa 6–12 und 16–19.30 Uhr) an der Zekka Street, nachdem der ursprüngliche Bau von *Gerolamo Cassar* im Krieg zerstört worden war.

Die gigantische, 42 m hohe Kuppel kann man zwar aus den engen Straßen nicht sehen, sie dominiert jedoch die Stadtsilhouette und überragt sogar den Glockenturm der St. Paul's Cathedral [s. S. 35].

Etwas mehr Zeit verdient das außen eher unscheinbare **Teatru Manoel** 38 (Führungen Mo–Fr 10.30, 11.30, 16.30, Sa 11.30, 12.30 Uhr, Programmvorschau www.teatrumanoel.com.mt) in der Old Theatre Street. Das Haus, das 1731 von Großmeister Manoel de Vilhena mit dem Motto ›ad honestatem populi oblectationem‹ (›zur ehrenvollen Ergötzung des Volkes‹) gestiftet wurde, zählt heute zu den ältesten noch regelmäßig bespielten Bühnen Europas. Als Foyer und Eingang dient nun ein Adelspalast aus dem 18. Jh. neben dem Theater, der auch einen Konzertsaal (Sala Isuard) beherbergt. Das prachtvoll vergoldete, ovale *Auditorium* mit seinen vier Logenrängen entstand 1844 nach dem Vorbild des venezianischen Teatro La Fenice. Ein Blick in das Innere lohnt auch dann, wenn man keine Bühnenvorstellung genießen möchte.

Vorbei an eindrucksvollen Privatpalästen aus dem 17. Jh., die nun in Mietwohnungen umgebaut sind, erreicht man über die *Old Bakery Street* wieder die Ringstraße am Meer. Die gesamte Spitze der Landzunge von Valletta nimmt das **Fort St. Elmo** 39 mit seinen mächtigen Mauern ein. 1553 ließ Großmeister Juan de Homedes in Erwartung des drohenden osmanischen Angriffs die Spitze der Halbinsel, die beide Häfen kontrolliert, mit einer kleinen sternförmigen Festung sichern. Nach den Zerstörungen durch die Türken musste es jedoch vollständig neu aufgebaut werden.

Das **Kernfort** liegt etwas weiter zum Grand Harbour. Heute dient es als Polizeischule und ist jeden Sonntag um 11 Uhr während der *In Guardia*, einer Parade mit Uniformen und Waffen im Stil der Ritterzeit, oder bei der Show *Alarme!* (www.visitmalta.org), einer einmal pro Monat nachgespielten Szene aus der französischen Besatzungszeit um 1799 zu besichtigen.

In den Baracken zum Marsamxett-Hafen hin (Spur Street) erinnert das **National War Museum** 40 (tgl. 9–17 Uhr, letzter Einlass 16.30 Uhr, www.heritagemalta.org) an die Blockade Maltas im Zweiten Weltkrieg durch die Achsenmächte. Als Hauptquartier der britischen Mittelmeerflotte wurde die Insel, die als Sprungbrett der Nachschublinien zwischen Ägypten und Gibraltar diente, von Juni 1940 bis September 1942 fast täglich bombardiert und zuletzt über Monate von jeder Versorgung abgeschnitten. Zu sehen sind militärische Ausrüstung, u.a. eines der drei legendären **Kampfflugzeuge**, die da-

Ein Kleinod der Bühnenwelt – das Teatru Manoel mit seinen vergoldeten Logen wird noch immer bespielt und bietet neben klassischen Aufführungen auch große Konzerte

Trutzburg gegen alle Widrigkeiten der Geschichte – an den Mauern von Fort St.Elmo entschied sich nicht nur die Große Belagerung durch die Türken im 16. Jh.

St. Elmo's Verteidigung

Wehrhaft und imposant zeigt sich das berühmte Fort an der äußersten Spitze der Halbinsel von Valletta noch heute. Doch harte Kämpfe und heldenhafter Widerstand haben seine Geschichte geschrieben, und an dieser Festung entschied sich der Ausgang der **Großen Belagerung** (Great Siege) durch die Türken im Jahr 1565. Damals war der Hügelrücken, auf dem heute Valletta steht, noch gänzlich unbebaut, und **Mustafa Pascha**, Oberbefehlshaber der türkischen Armee, hatte seine gefürchteten Kanonen auf der Höhe beim heutigen Palace of the Grand Masters stationiert. Von dort konnte man zwar auch das Fort St. Angelo, die Hauptfestung der Johanniter, beschießen, doch wollte Mustafa Pascha zunächst Fort St. Elmo vernichten, das seine Flanke und das Operationsgebiet im Grand Harbour gefährdete. Großmeister **Jean Parisot de la Valette**, der auf eine spanische Entsatzflotte von Sizilien her hoffte, erkannte den Vorteil, der sich ihm bot, falls er die türkische Armee an diesem Außenposten binden könnte. Daher ließ er das Fort unter großen Verlusten verteidigen.

Über 31 Tage lang, von Ende Mai bis Ende Juni, lag St. Elmo unter Feuer. Als die Türken die letzten Verteidiger schließlich niedermetzelten, sollen die Gräben der Festung bis oben mit den Leichen der Janitscharen gefüllt gewesen sein: Mustafa Pascha hatte über ein Viertel seiner Männer verloren. Das durch das Bombardement vollständig zerstörte Fort wurde dann beim Bau Vallettas nach Plänen des spanischen Festungsspezialisten **Piedro da Padro** in seiner jetzigen Gestalt errichtet.

Seine letzte Bewährungsprobe hatte es im **Zweiten Weltkrieg**, als von den betonverstärkten Geschützstellungen alle U-Boot- und Schnellbootangriffe der Italiener abgewehrt werden konnten [s. S. 34].

mals einzig zur Verteidigung gegen das reichsdeutsche Fliegerkorps X aufgeboten werden konnten. Eindrucksvoll ist auch eine Sammlung von Gegenständen, die den alltäglichen Überlebenskampf der hungernden Zivilbevölkerung dokumentieren. Eine **Fotoausstellung** zeigt die furchtbaren Schäden durch die Bombardierung der Grand-Harbour-Region: Außer bei den Luftangriffen auf die

Hellenische Gefilde – im Lower Barracca Garden mit seinem neoklassizistischen Tempelchen fühlt man sich beinahe in eine andere Welt versetzt

deutschen Städte zu Kriegsende fielen auf keinem Kampfschauplatz mehr Bomben als hier.

Nahe der Festung liegt an der Grand-Harbour-Front der große Komplex des heutigen **Mediterranean Conference Centre** 41 (Mo–Fr 9.30–16 Uhr). Die ehemalige *Sacra Infirmeria Santo Spirito*, die 1575 in Valletta entstand, war nicht nur eines der größten Hospitäler des Johanniterordens, der ursprünglich als Bruderschaft zur Pflege kranker Jerusalem-Pilger gegründet worden war, sondern auch eines der modernsten der frühen Neuzeit. Der 165 m lange **Krankensaal**, der über 1000 Betten fassen konnte, war 9 m hoch und durch die Luftzirkulation daher relativ kühl. Schmale hohe Fenster schirmten die Sonne ab. Der Boden war mit Marmor gepflastert, die Kranken hatten – keinesfalls selbstverständlich zu dieser Zeit – ein eigenes Bett und speisten von silbernem Geschirr statt von irdenem: alles Maßnahmen zur Verbesserung der Hygiene. Das Hospital, in dem jeder Ritter, ungeachtet seines Ranges, einen Tag in der Woche Dienst leisten musste, nahm sogar Kranke aller Konfessionen auf. Im Zweiten Weltkrieg bombardiert, wurde das Gebäude zu einem Konferenzzentrum (MCC) ausgebaut und durch die Überdachung des großen Innenhofes, der jetzt als *Republic Hall* der größte Saal Maltas ist, völlig verändert. Original erhalten ist aber noch der imposante *Krankensaal* entlang dem St. Lazarus Curtain. Heute zeigt hier die Show ›*The Knights Hospitallers*‹ (Mo–Fr 9.30–16, Sa, So, Fei 9.30–15.30 Uhr) Szenen zum Krankenwesen der Johanniter-Ritter.

Gegenüber liegt der Eingang zur **Malta Experience Show** (auch in deutscher Sprache, stündlich Mo–Fr 11–16, Sa, So, Fei 11–13 Uhr, Okt.–Juni auch 14 Uhr, www.themaltaexperience.com), einer Dia-Vorführung zur Geschichte Maltas.

Am Ende der Lazarus-Kurtine bietet sich der **Lower Barracca Garden** 42 für eine Pause bei einem Drink an. Im Garten steht der neoklassizistische Tempelbau für *Alexander Ball*, den ersten britischen Zivilkommissar Maltas. Daneben wurde 1992 zur Feier des fünfzigjährigen Jubiläums der Verleihung des George Cross [s. S. 14] das postmodern-monströse *Siege Monument* errichtet. Unterhalb liegt der **Fish Market**, dessen Besuch vor allem früh morgens zu empfehlen ist.

Floriana 43

Die Vorstadt von Valletta entstand nach der Schaffung eines zweiten Bastionsgürtels am Anfang der Halbinsel, für den der Festungsingenieur *Pietro Paolo Floriani* 1634 im Auftrag von Großmeister de Paule den Entwurf lieferte. Doch erst 1724 wurde das Gelände zur Besiedlung freigegeben und der schachbrettartige Straßenplan festgelegt. Zwischen den Wällen entwickelte sich ein Vorort, der nach dem Architekten benannt wurde.

Das **Hotel Le Méridien Phoenicia** neben dem Bus-Terminal wurde im Zuge des großen, von den Briten großzügig geförderten Nachkriegswiederaufbaus errichtet und erhielt daher den Namen des aus der Asche entstiegenen Mythenvogels. Dahinter beginnt die lang gezogene Promenade **The Mall** oder *Maglio*. Sie wurde von Großmeister Lascaris als Ballspielplatz angelegt, wie es hieß, um die Novizen von weniger unschuldigen Vergnügungen im Hafenviertel abzuhalten. Zahlreiche Monumente erinnern hier an die Geschichte Maltas.

Die Kirche **St. Publius** auf einem weiten Vorplatz der Mall wurde 1733 von *Giuseppe Bonnici* errichtet und im 19. Jh. um die große Fassade und die Seitenschiffe erweitert, musste aber nach den Zerstörungen von 1942 nach den alten Entwürfen komplett rekonstruiert werden. Sie ist dem *hl. Publius* geweiht, dem (legendären) ersten Bischof von Malta, den Paulus selbst getauft haben soll [s. S. 94]. Die Steindeckel vor dem großen Kirchplatz, auf dem vor dem Unabhängigkeitstag am 20. September ein großes Fest stattfindet, verbergen *unterirdische Kornspeicher*. Hinter dem Gotteshaus erhebt sich links die schlichte **Sarria-Rundkirche**, die *Lorenzo Gafà* 1678 als Pestkapelle errichtete. Rechts befindet sich neben dem *Wignacourt Tower* (1615), einem

Floriana, ›grüne‹ Vorstadt Vallettas – rund um die St. Publius-Kirche liegen viele Parks

Auf Malta spielt sich ein Großteil des Alltagslebens auf der Straße ab. Hier ist Treffpunkt, Diskussionsort und zweites Wohnzimmer für jung und alt

Hotel Castille – hier wird der Gast weich gebettet im stilvollen Ambiente eines Stadtpalastes und auf der Dachterrasse mit herrlicher Aussicht über Valletta kulinarisch verwöhnt

Wasserturm des Aquädukts [s. S. 75], der Eingang zu den **Argotti Gardens**, dem botanischen Garten der Universität. Dort kann man schön auf den Bastionen spazieren gehen und den Pieta Creek überschauen.

Hauptachse Florianas ist die breit angelegte **St. Anne Street**, deren Randbebauung zwar aus der Nachkriegszeit datiert, jedoch sind die beidseitigen Arkaden ebenso wie die *Großmeisterwappen* an den Häusern Zitate der älteren Bebauung aus dem 18. Jh. Am Ortsausgang erhebt sich als bekanntestes Baudenkmal von Floriana die **Porte des Bombes**, die alle Busse von und nach Valletta umkurven müssen. Sie wurde 1697 unter Ramon Perellos mit nur einem Bogen errichtet und 1868 durch eine genaue Kopie verdoppelt. Erst 1930 fielen die Verbindungsmauern zu den Bastionen, um eine Durchfahrt für den Verkehr zu schaffen.

i Praktische Hinweise

Information

City Gate, Valletta, Tel. 21 23 77 47; Mo–Sa 9–18, So 9–13 Uhr, Fei geschl.

Parken: Mit dem Auto kann man über die Girolamo Cassar Street auf den Castille Square oder über den Lascaris-Kai (Beschilderung: ›Mediterranean Conference Centre‹) in die Stadt hineinfahren. Am besten parkt man aber in der Tiefgarage vor dem Hotel Le Méridien Phoenicia.

Hotels

*****__Le Méridien Phoenicia__, The Mall, Floriana, Valletta, Tel. 21 22 52 41, Fax 21 23 52 54, www.lemeridienphoenicia.com. Das distinguierte Haus mit britischem Kolonialflair bietet eine schöne Aussicht auf den Marsamxett-Hafen. Zur Ausstattung des Hotels zählen zudem ein herrlicher Park sowie Pools drinnen und draußen.

TOP TIPP ***__Castille__, Castille Square/St. Paul's Street, Valletta, Tel. 21 24 36 77, Fax 21 24 36 79, www.hotelcastillemalta.com. Traditionsreiches Stadthotel nah beim Busbahnhof mit historischer Zimmereinrichtung und Restaurant auf der Dachterrasse.

***__Osborne__, 50 South Street, Valletta, Tel. 21 24 36 56, Fax 21 24 72 93, www.osbornehotel.com Bei Geschäftsleuten beliebtes Hotel in Vallettas Altstadt mit geräumigen, modernen Zimmern und Dachterrasse. Nur wenige Schritte zum zentralen Busbahnhof.

**__British__, 267 Ursula Street, Valletta, Tel. 21 22 47 30, Fax 21 23 97 11, www.britishhotel.com. Hotelbau aus den 1970er-Jahren mit grandioser Aussicht über den Hafen. Gutes Restaurant mit Hafenblick.

Im rustikal-geschmackvoll eingerichteten Restaurant Tratorija Palazz im Zentrum Vallettas wird gediegene Kochkunst zelebriert – mit vielen italienischen Köstlichkeiten

Restaurants

Al Mare, direkt am Kai unterhalb des Pjazza M. Preti, Valletta, Tel. 21 23 29 18. Bei Maltesern beliebte Pizzeria in neoklassizistischem Haus. In heißen Sommernächten die beste Adresse der Stadt.

TOP TIPP **Café Cordina**, Republic Square, Valletta, Tel. 21 23 43 85. Eisverkauf, Tische auf dem Platz, sehr schöne historische Säle.

Capistrano Restaurant, 61 Old Bakery Street, Valletta, Tel. 21 22 53 29. Italienische, teils sehr originelle Küche, der Service ist vorbildlich

Giannini, 23 Windmill Street, Valletta, Tel. 21 23 71 21. Feine italienische Küche und schöner Hafen-Blick, zum Lunch bei Geschäftsleuten beliebt.

La Cave, Castille Square, Valletta, Tel. 21 24 36 77. Romantisches Restaurant im Gewölbekeller des Hotels Castille. Es gibt Pizza, Pasta und maltesische Kleinigkeiten, große Weinauswahl.

Phoenix, The Mall, Floriana, Valletta, Tel. 21 22 52 41. Internationale Küche italienisch-französischer Richtung im luxuriösen Hotel Le Méridien Phoenicia. ›Ordentliches‹ Outfit erforderlich!

Tratorija Palazz, 43 Old Theatre Street, Valletta, Tel. 21 22 66 11. Mediterrane Küche in den schönen Gewölben unter der Bibliotheca mit rustikalem historischen Ambiente.

Tony's Sicilia Restaurant, 1a St. John Street, Valletta, Tel. 21 57 29 84. Sehr schön ruhig und romantisch gelegenes, einfaches Restaurant mit tollem Hafenblick (So geschl.).

Ein Platz an der Sonne oder lieber unter dem Schirm? Der Republic Square ist ein beliebter Treffpunkt

Der Südosten Maltas – Steinzeittempel und Fischeridylle

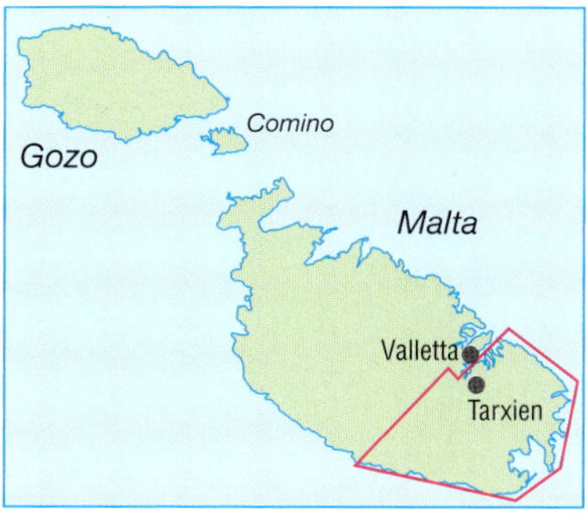

Im Südosten der Insel Malta, eingefasst vom Grand Harbour und der **Marsaxlokk Bay**, erstreckt sich eine leicht gewellte *Hügellandschaft*. Auf weiten Flächen sieht man fruchtbare Terra-Rossa-Böden: Die typische *rote Malta-Erde* bildet sich aus der Verwitterung des Kalkgesteins, aus dem sich die Insel geologisch aufbaut. Von Norden her steigt das Land sanft zum Plateau zwischen **Zabbar**, **Zejtun** und Ghaxaq an. Bei **Zurrieq** im Süden hat es dann genug an Höhe gewonnen, um über gut 100 m als *Steilküste* wieder ins Meer abzufallen. Bis auf **Paola**, das noch zum urbanen Gürtel rund um Valletta zu rechnen ist, liegen die Orte relativ geschlossen inmitten von Feldern – es sind eher beschauliche *Landstädtchen*, in denen die Traditionen auch heute noch zählen. Kirchen akzentuieren das Landschaftsbild, das ansonsten im Wesentlichen durch die Bruchsteinmauern geprägt ist, die überall auf Malta die kargen Felder einfassen.

2 Marsa und Paola

Friedvolle Stätten am Wegesrand.

Die Anfahrt über **Marsa** durchs Industriegebiet am Grand Harbour, vorbei am Kraftwerk mit seiner Kohlenhalde und dem Container-Terminal, ist nicht sonderlich schön. Nach dem ersten großen Kreisel auf Maltas einziger achtspuriger Straße passiert man jedoch den bei Einheimischen und Touristen gleichermaßen beliebten Park des **Marsa Sports Club** (www.marsasportsclub.com) – mit Golfplatz, Tenniscourts und Trabrennbahn (*Race Track*) eine Art ›grüne Lunge‹ im Gewerbepark (dorthin biegt man im Kreisel Richtung Qormi ab).

Am nächsten Kreisel führt ein Abstecher nach rechts zum **Türkischen Friedhof** von L'Ingiered (man folgt zunächst der Ausschilderung Airport, dann Valletta, dann Qormi). Dieses zauberhaft friedliche Stück Erde hinter einem Portal im Stil des türkischen Rokoko stammt nicht aus der Großen Belagerung, sondern wurde von einem Konsul des Osmanenreichs Ende des 19. Jh. gestiftet. Begraben sind hier vor allem Ägypter, die als Arbeiter oder Soldaten in britischen Diensten auf Malta starben.

Zurück Richtung Paola erhebt sich oberhalb der Abzweigung das neogotische Kirchlein **Tal Addolorata** mit seinem spitzen Turm, das den großen **Friedhof Tal-Horr** krönt. Ein Spaziergang lohnt nicht zuletzt wegen der schönen Aussicht von der Hügelspitze. Auch die teils sehr aufwendigen, blumengeschmückten Grabtempelchen dieser Totenstadt haben kaum etwas mit den tristen deutschen Friedhöfen gemein.

Fährt man nicht gleich ins Ortszentrum, sondern weiter geradeaus Richtung Cottonera, ist schon bald die grüne Kuppel der **Moschee** von Malta zu sehen. Sie liegt am Ende einer Gartenanlage, des *Gnien Gaddafi*, und wurde in den 1970er-Jahren, als Malta eng mit Libyen verbündet war, von dessen Revolutionsführer gestiftet. Die Beziehungen der beiden Staaten haben sich nach Querelen um Ölquellen vor Malta mittlerweile wieder verbessert, zudem steckt viel libysches Ölkapital in einigen großen maltesischen Firmen.

Paola (auch Pawla geschrieben) ist heute mit den ehemaligen Weilern Tarxien und Fgura zu einem riesigen Häuser-Halbmond zusammengewachsen. In dem

◁ **Oben:** *Auf traditionsreichem Grund wird im Marsa Sports Club Golf gespielt*
Unten: *Faszinierende Tempelstätte – Mnajdra in der Abenddämmerung*

Die Werften der Malta Dry Docks spielen eine bedeutende Rolle für die Ökonomie Maltas

Wirtschaftszentrum Grand Harbour

Der ›Große Hafen‹, der sich an der Ostflanke von Valletta etwa 4km tief ins Landesinnere schneidet, war durch die gesamte Geschichte die kostbarste ›Morgengabe‹ für eine jede Macht, die mit Malta liebäugelte, und der wichtigste Grund, es schließlich in Besitz zu bringen. Er überzeugte 1530 die **Ritter des hl. Johannes**, die zuerst gar nicht von dem felsigen Eiland begeistert waren, brachte die **Briten** 1802 dazu, sich unter Missachtung des Restitutionsfriedens von Amiens hier festzusetzen, und er war das Pfund, mit dem auch das **unabhängige Malta** zu wuchern wusste.

Nach dem Bau Vallettas und des Festungsgürtels der Cottonera Lines begann unter Großmeister Castellar der Ausbau des Hafens zu einem **Warenumschlagplatz** der Mittelmeerseefahrt. Die große Zeit kam aber erst unter den Briten, vor allem nach der Fertigstellung des Suezkanals – jedes Schiff nach Indien fuhr nun über Malta. Der Grand Harbour mit seinen Werften, dem großen Bighi Hospital und Fort St. Angelo als Hauptquartier der Mittelmeerflotte wurde zu einer Drehscheibe des britischen Kolonialreichs.

Nach dem Zweiten Weltkrieg, als das Empire zusammenbrach, begann für Malta eine prekäre Phase, in der die unabhängige Insel auch eine halbwegs selbstständige Ökonomie aufbauen musste. Die **Werften** im Grand Harbour als größter Arbeitgeber wurden nun zu einem Staatsbetrieb, den **Malta Dry Docks**, reorganisiert. Malta gelang es, sich mit dem gezeitenfreien Tiefwasserhafen des Grand Harbour als Standort für Tankerreinigung und Schiffsbau auf dem Weltmarkt zu behaupten – zumal China der jungen Republik in den ›sozialistischen‹ 1970er-Jahren ein neues Dock für Großschiffe spendierte, das **China Friendship Dock**. Dessen riesige Kräne überragen nun den Kortin-Hügel zwischen Senglea und Marsa und sind der Höhepunkt der in Sliema startenden **Hafenrundfahrten**.

Daneben förderte Malta die Ansiedlung von Leichtindustrie. Rund um Marsa am südlichen Ende des Grand Harbour entstanden bald erste Fabriken, die vor allem Zulieferprodukte für den europäischen Markt herstellten. Steuerbefreiungen und niedrige Lohnkosten zogen zahlreiche Betriebe der Elektro-, Autoteile- und der Textilindustrie an. Einen **Aufschwung** nahm diese Entwicklung mit der Regierungsübernahme durch die Konservativen, die die Produktion im gewerblichen Sektor um gut 50 % steigern konnten. Seit Ende der 1980er-Jahre hat Malta sogar Mangel an ausgebildeten Facharbeitern, was zu einer regelrechten Remigrationswelle der Auslandsmalteser geführt hat.

1628 von Großmeister Antoine de Paule gegründeten Ort beeindrucken die langen Straßen mit ihren traditionellen *Balkonhäusern*. Am Platanenplatz vor der neuen Kirche lohnt sich vormittags und am frühen Abend ein Stopp, um in einfachen *Cafés* den Dorfalltag zu beobachten.

3 Tarxien

TOP TIPP *Größte Tempelanlage der maltesischen Megalithkultur.*

Bei den **Tempeln** (tgl. 9–17 Uhr, letzter Einlass 16.30 Uhr, www.heritagemalta.org) von Tarxien (*Tarschien*) in Paola handelt es sich sowohl der Ausdehnung als auch der Nutzungsdauer nach um das wichtigste religiöse Zentrum der neolithischen Epoche Maltas. Als Glücksfall erwies sich auch die relativ späte Entdeckung, denn *Sir Themistokles Zammit* [s. S. 21], der 1916 mit der Freilegung begann, konnte schon auf die Erfahrungen der modernen Archäologie zurückgreifen, die bereits die Bedeutung der Ablagerungsschichten verschiedener Epochen erkannt hatte. So wurden nicht nur alle skulptierten Artefakte museal gesichert, sondern auch die Schichtenfolge analysiert, die das Bild einer komplizierten Bau- und Nutzungsgeschichte spiegelte.

Geschichte Die heute sichtbaren, zu einem Komplex zusammengefassten drei Tempel entstanden auf einer sehr frühen Kultstätte im ausgehenden Chalkolithikum, der Endphase der maltesischen Tempelkultur, die nach dieser Fundstelle Tarxien-Phase genannt wird (3000–2500 v. Chr.). Mehrere Jahrhunderte später kamen neue Siedler auf die Inseln, die völlig andere Kultvorstellungen mitbrachten, ihre Toten in manchen der alten Tempel verbrannten und in Urnen beisetzten (die Siedler vor ihnen begruben sie in Höhlen).

Ende der 1960er-Jahre wurde die Anlage nach dem damaligen Wissenstand mit Stein und Zement museal wieder aufgebaut, seither sind viele der Nachbildungen jedoch wieder verwittert, große Teile der Anlage wurden daher für Besucher gesperrt. Mit Fördermitteln der *Bank of Valletta* soll Tarxien nun in den nächsten Jahren baulich gesichert und um ein großes Besucherzentrum ergänzt werden.

Besichtigung Der heutige Besucher betritt die Anlage wie früher von der Hauptfassade des **Südtempels** her. Deutlich erkennbar ist der Verlauf der konkav eingeschwungenen Fassade anhand der vorgelagerten Bankaltäre. Das nach Schätzungen einst bis zu 10 m hohe Mauerwerk fehlt hingegen (die Steinblöcke liegen rechts am Boden). Rechts von dem rekonstruierten *Trilith-Eingang* (›Dreistein‹, gebildet aus zwei stehenden Orthostaten und einer Deckplatte) befindet sich eine mächtige *Libationsanlage*, bestehend aus einer mächtigen Bodenplatte, die mit fünf ins Erdreich führenden Löchern durchbohrt ist. Ursprünglich war sie nischenförmig mit einer Öffnung zum Vorhof umbaut und diente der Dar-

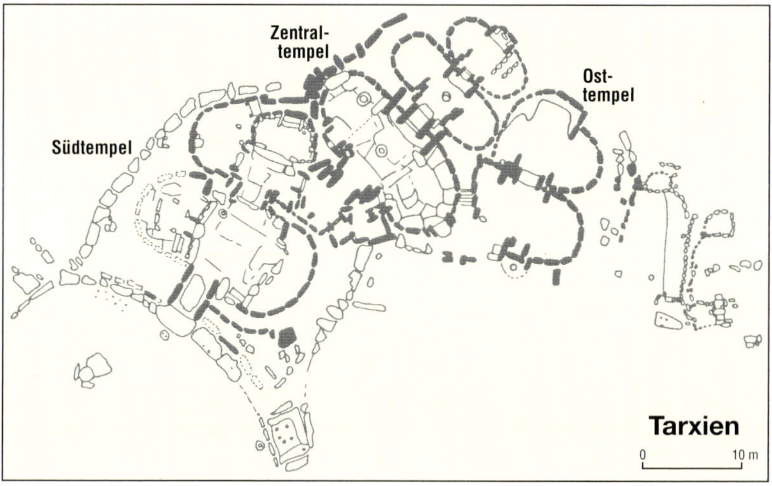

Im Vorhof zum inneren Heiligtum des Zentraltempels von Tarxien wurden einst in einer steinernen Schale Trankopfer dargebracht

reichung von Trankopfern (*Libationen*), die durch die Platte ins Erdreich sickern konnten.

Hinter dem Trilith-Eingang öffnet sich der **erste Sakralraum**, der das architektonische Grundmuster aller Tempel deutlich werden lässt: Alle Wände sind rund geschwungen und umschließen Apsiden, also Raumbuchten, die sich im Grundriss zu ›nierenförmigen‹ Trakten zusammenfügen. Der Mittelgang war meist mit Steinplatten ausgelegt, die Apsiden rechts und links besaßen Böden aus Torba, einem Zement aus zermahlenem Globigerinenkalk [s. S. 64]. Die Mauern bestanden aus hochkant gestellten Steinen, über die kleinere Querlagen geschichtet wurden. Grundsätzlich kann man also davon ausgehen, dass alle Mauerpartien aus Bruchsteinen Rekonstruktionen sind.

In diesem ersten Trakt steht gleich rechts die Beinpartie einer *Kolossalfigur der Magna Mater*, die im Ganzen eine Höhe von 2,40 m erreicht haben dürfte und von dem Archäologen C. Renfrew als »älteste frei stehende Kolossalfigur der Welt« bezeichnet wurde. Rechts gegenüber sieht man die Nachbildung des großen ›**Opferaltars von Tarxien**‹. Sein oberer Teil ist ein Fensterstein – der Hohlraum dahinter war bei der Ausgrabung mit verkohlten Knochen von Opfertieren gefüllt. Die linke Apsis ist durch eine Reihe niedriger Altäre abgetrennt, die mit *Spiralreliefs* verziert sind. Am Boden dahinter befinden sich neben weiteren dekorierten Blöcken zwei Friese mit den Reliefs der ›**Tierprozession**‹, die Ziegen, Schweine und Steinböcke wohl auf dem Weg zum Opfer zeigt (Originale im National Museum of Archaeology in Valletta, s. S. 21).

Im **zweiten Sakraltrakt** ist eine 3 m lange, mit Spiralen dekorierte Altarschwelle der Blickfang, sie leitet zum Kopftrakt des Südtempels. In der linken Seitenapsis steht eine (heute nicht zugängliche) Altarnische, die eine ähnliche Lochdekoration wie die des Mnajdra-Tempels [s. S. 66] trägt und ebenfalls eine besondere Sakralfunktion gehabt haben muss.

Wendet man sich nun nach rechts, betritt man den **Zentraltempel**, den jüngsten der Anlage. Seine Entstehung wird in die Zeit kurz vor dem Untergang der Tempelkultur datiert. Bei seiner Errichtung wurde die Apsis hier geöffnet, sodass ein Durchgang zum ersten Quertrakt des Neubaus entstand. Dieser erste Trakt, eine Art **Vorhof**, ist der einzige vollständig erhaltene Raum dieser Kultur auf Malta. Durch eine hohe *Schwelle*, die früher mit zwei augenähnlichen Spiralmotiven verziert war, ist die Grenze zum inneren Heiligtum markiert. Davor steht eine steinerne *Schale*, deren rötliche Verfärbungen noch von den einst hier gespendeten Brandopfern zeugen. Steinplatten bedecken den Boden, die Wände sind aus bis zu 2 m hohen Orthostaten gefügt.

Über eine Nische im linken Seitentrakt konnte man in einen Raum zwischen den Innenwänden des Süd- und Zentraltempels gelangen (heute abgesperrt). Hier befindet sich einer der *Doppeltrilith-Altäre*, deren Funktion noch immer Rätsel aufgibt. Ihr an ein Regal erinnernder Aufbau lässt an eine Verwendung als Ablage vor allem für Votivfigürchen denken, mit denen die Menschen sich und ihren Lebensbereich dem Schutz der Gottheit unterstellten – ganz so, wie es die Malteser heute noch in den katholischen Kirchen tun.

Vom Vorhof stieg man über die erwähnte ›Augenschwelle‹ in das **innere Heiligtum**, das aus zwei Quertrakten besteht und in einer sehr flachen Kultnische endet. Außer Resten einer Steinschale im Zentrum des ersten Sakralraums haben hier keine Kultobjekte die Jahrtausende überstanden. Vor allem die linken Raumbuchten haben gut erhaltene Wandpartien mit leicht geneigten Orthostaten, die durch vorkragende Quersteine aufgestockt sind. Nachdem dies lange als Hinweis auf eine hölzerne Deckenkonstruktion gedeutet wurde, gehen neuere Vermutungen eher dahin, die Anlagen als zum Himmel geöffnet anzusehen. Der kultische Zweck der mächtigen Steinbauten wäre dann nicht die Schaffung eines geschlossenen Raums, sondern der Schutz des heiligen Orts vor Störungen aus der menschlichen Sphäre gewesen.

Vom Vorhof gelangt man nun über dessen rechte Seitenapsis zu einer angebauten Nische, in der unter einer Überdachung **Tierreliefs** zu sehen sind (Kopien, ebenfalls schon ziemlich verwittert). Es handelt sich um einen Stier, eine Kuh und eine Sau mit 13 säugenden Jungtieren. Von hier führt ein Gang aus fünf mächtigen Orthostaten zum **Osttempel** (das Innere jedoch heute abgesperrt). In dessen beiden Trakten befand sich das Zentrum des bronzezeitlichen Urnengräberfelds (2000–1500 v. Chr.). Die rötlichen Brandspuren auf den Wandplatten sind noch zu erkennen. Geht man um den Bau herum, erkennt man ein in den Stein gebohrtes ›**Orakelloch**‹, das von einer Kammer zwischen den Innenwänden und den Mantelmauern zur rechten Innenapsis des hinteren Traktes führt. Man fühlt sich an einen Beichtstuhl erinnert – durch das Loch haben wohl die Priester ihre verzerrt klingenden Stimmen schallen lassen oder auch mit Lichteffekten gearbeitet – alles ›Zaubertricks‹, die den Menschen die Gegenwart der Gottheiten suggerierten und Sicherheit vermittelten, aber auch die soziale Macht der Priester untermauern sollten.

Weiter östlich liegen die Trümmer eines noch älteren Tempels aus der Ggantija-Phase.

Beim Rückweg zum Eingang passiert man riesige Steinblöcke, die früher die Außenmauer des Komplexes bildeten. Diese fasste die einzelnen Raumbuchten in weiter Rundung zusammen, wobei die Zwischenräume zumeist mit Geröll aufgeschüttet wurden.

Beinpartie einer Kolossalfigur der Magna Mater im Südtempel von Tarxien

Huldigung der Magna Mater

In der Vorstellung der Megalithkultur waren **Trankopfer** eine symbolische Gabe an die Erde, die Leben spendet und nach dem Tod wieder aufnimmt. Sie ist in den meisten Frühkulturen weiblich, als Muttergöttin personifiziert und wird daher **Große Mutter** (Magna Mater) genannt. Am Anfang wurden ihr keine blutigen Opfer gebracht (dies ist eine Entwicklung der Spätphase), sondern Flüssigkeiten oder Feldfrüchte. Eine Sonderform waren die **Göropfer**, die in der schüsselartigen Vertiefung ohne Kontakt zum Erdreich (Potros) gespendet wurden.

Tieropfer gab es in Tarxien, jedenfalls in der Spätphase, aber auch. Genau vor dem Eingangs-Trilith sieht man eine große Bodenplatte, in die ein ›Tunnel‹ gehöhlt ist, wie ihn Kinder gern in Sand bauen. Der dadurch geschaffene Steg diente vermutlich zum Anbinden von Opfertieren, die dann geschlachtet wurden und deren Fleisch teils im Tempel dargebracht, ansonsten auf dem Vorhof gemeinsam verzehrt wurde.

4 Hypogäum von Hal Saflieni

Ein Tempel unter der Erde, Grabhöhle und Kultstätte zugleich.

Die berühmte unterirdische Grabhöhle, die 1902 beim Ausschachten einer Zisterne entdeckt wurde, liegt links der Straße,

Das Malta Maritime Museum von Birgu bietet ▷ auch bei Nacht ein eindrucksvolles Bild

die vom Kirchplatz in Paola nach Santa Lucia verläuft. Da diese einzigartige Anlage, seit 1980 in der Welterbe-Liste der UNESCO, durch die Besuchermassen großen Schaden gelitten hat, ist sie nun mit modernster Technik umgebaut worden. Aus konservatorischen Gründen wurde die tägliche Besucherzahl auf maximal 80 Personen begrenzt. Die Wartezeit für eine Besichtigung beträgt daher etwa drei bis vier Wochen, eine frühzeitige Ticketreservierung für das **Hypogäum** (Tel. 21805019, am besten aber über das Internet schon bei Buchung der Maltareise unter www.heritagemalta.org, stdl. Führungen tgl. 9–11 und 13–16 Uhr) oder im National Museum of Archaeology in Valletta [s. S. 21] ist unbedingt ratsam.

Besonders interessant an dieser künstlichen, mit den primitiven Werkzeugen des Neolithikums wie Tierhörnern oder Steinkeilen in den Fels gegrabenen Anlage ist das **zweite Stockwerk**, in dem sich verschiedene große Sakralräume aneinanderreihen. Auffällig sorgfältig gestaltet ist die **Lobby** (Haupthalle), in der Elemente der Tempelarchitektur wie Trilith-Nischen, Orthostaten oder vorkragende Deckensteine aus dem Gestein gemeißelt sind. Eine dichte Bemalung mit ockerfarbigen Ranken schmückte die Decken und Wände der **Decorated Hall** (Dekorierte Halle) und der **Amplifier Hall** (Akustikraum). Auch eine *Orakelnische* gibt es hier wieder, Pilaster mit dem verbreiteten, rätselhaften Lochmuster – und ein Allerheiligstes mit der prächtigen, aus dem Fels gehauenen Scheinfassade ei-

Zierliches Kleinod der Steinzeit – ›schlafende Priesterin‹ aus Hal Saflieni

Ein ewiges Geheimnis

Die Funktion des Hypogäums gibt immer noch Rätsel auf. Errichtet wurde es ab ca. 3200 v. Chr., die unteren Stockwerke entstanden jedoch sicher erst zur Blütezeit der Tarxien-Tempel ab 2800 v. Chr. Besonders auffällig erscheint seine **Doppelfunktion**. Die bei der Entdeckung vorgefundenen Skelette von rund 7000 Menschen in mehreren Grabkammern deuten auf eine Nutzung als Begräbnisstätte hin, die sorgfältig gestalteten Kultbereiche lassen an einen Tempel denken.

Eine durchaus wahrscheinliche Lösung lässt sich aus den Figuren **Schlafender Priesterinnen** erschließen, die im Hypogäum entdeckt wurden und heute im National Museum of Archaeology in Valletta [s. S. 21] zu sehen sind. Das Heiligtum könnte eine Initiations- und Grabstätte der Priesterinnen gewesen sein: ein Ort, an dem sie der **Magna Mater**, die sicherlich als Ur-Mutter Erde vorgestellt wurde, besonders nahe waren. Möglicherweise wurden sie in der Höhle in Traum- oder Rauschzuständen in den Kult eingeführt, kehrten nach ihrem Tod wieder in den Schoß der Erdmutter ein – und eine neue, ›wiedergeborene‹ Priesterin kam zurück, um ihre Stelle einzunehmen.

nes Tempels – alles in allem also eine perfekte Imitation der oberirdischen Tempel.

Im **dritten Stockwerk**, das bis 10,60 m unter die Erdoberfläche reicht, führen die **Seven Steps**, eine Stolpertreppe, in ein Kammernsystem, das deutlich an Speicher erinnert. Dort könnten Vorräte eingelagert worden sein, um die für den Tempelbau freigestellten Arbeiter zu ernähren. Denn dies ist das größte Rätsel der maltesischen Megalithkultur: wie eine so frühe Kultur auf einer so kleinen Insel eine soziale Organisationsform entwickeln konnte, die es ermöglichte, Überschüsse zu produzieren und zu sammeln, sodass ein Teil des Volkes diese erstaunlichen Bauten im Dienst der ›Großen Mutter‹ errichten konnte.

5 Cottonera (Three Cities)

Erinnerungen an Ordensritter und britische Weltmacht zwischen Fort St. Angelo und den Docks.

Als die ›Drei Städte‹ bezeichnen die Malteser die historischen Orte am Grand Harbour gegenüber von Valletta, also **Birgu** (Vittoriosa), **L'Isla** (Senglea) und **Bormla** (Cospicua). Sie waren seit dem Umzug des Ordens nach Valletta das Wohngebiet der Lastenträger, Schauerleute und später der Dockarbeiter. Aufgrund der Kriegszerstörungen, die einen fast flächendeckenden Neuaufbau erzwangen, sind jedoch nur wenige historische Gebäude erhalten geblieben, vor allem in Birgu.

Geschichte Das Gebiet von Birgu auf der lang gestreckten Landzunge zwischen dem *Kalkara Creek* und dem *Dockyard Creek* war schon zu Zeiten der Phöniker besiedelt. Auf der Spitze der Halbinsel konnte ein Heiligtum aus dieser Zeit nachgewiesen werden, das vermutlich schon in byzantinischer Zeit mit einer **Festung** überbaut wurde. 1530, als der Johanniterorden Malta übernahm, wurde dieses Castello ihr Hauptsitz, landeinwärts entstanden die Herbergen und das Hospital der Ritter. **Birgu**, abgeleitet von *Borgo* (Vorstadt einer Burg), hieß diese Stadt bis zur Großen Belagerung, nach der sie den Namen *Vittoriosa*, ›die Siegreiche‹, erhielt; heute heißt sie offiziell wieder Birgu.

Um den Hafen im heutigen Dockyard Creek zu schützen, ließ Großmeister *Claude de la Sengle* auch die Halbinsel im

Der hl. Laurentius wacht am Misrah ir-Rebha über das Wohl der Stadt Birgu

Süden befestigen. **L'Isla**, ›Die Insel‹, nannte man das Gebiet, das zunächst als Übungsplatz der Ritter bzw. als Versorgungslager diente; erst nach dem Angriff der Türken wurde es besiedelt und erhielt den Namen *Senglea*, den es bis vor kurzem trug. Dieses befestigte Areal konnte 1565 mit nur 540 Rittern und 5000 Soldaten gegen eine Übermacht von etwa 40 000 Angreifern gehalten werden.

Nach der Belagerung konzentrierte sich die Bautätigkeit zunächst auf die neue Stadt Valletta. Erst 1638 begann man, die Hügel östlich des Hafens mit den *Margerita Lines* zu sichern, hinter denen **Bormla** heranwuchs. Die Ritter nannten den Ort *Cospicua*, heute heißt er offiziell wieder Bormla. 1670 schließlich begann der Bau der **Cottonera Lines** (benannt nach den beiden Großmeistern Cotoner), die mit 4,5 km Länge einen weiten Ring um die *Three Cities* schlugen. Rund 40 000 Menschen konnten sich im Bedarfsfall hinter diese Mauern flüchten.

Birgu (Vittoriosa)

Schönster Zugang zur Stadt ist die **Couvre Porte** 1, das alte Stadttor. In zwei Räume der Toranlage und in den Katakomben darunter zeigt das Museum *Malta at War* Gerätschaften und Dokumente aus dem Zweiten Weltkrieg. Hinzu kommen alltägliche Erinnerungsstücke, etwa Noten des Fantasiegeldes, das die Briten 1941 an Stelle des englischen *Pound* einführten. Sie wollten damit verhindern, dass der Geldumlauf Maltas im Falle einer Eroberung in deutsche Hände geriet. Zudem ist von hier das System der Luftschutzbunker zugänglich, das während des Krieges in nur vier Monaten von Kindern und Alten in den Fels geschlagen wurde.

Einige Schritte die Main Gate Street hinunter, schräg gegenüber der Verkündigungskirche, erreicht man den TOP TIPP **Inquisitor's Palace** 2 (tgl. 9–17 Uhr, letzter Einlass 16.30 Uhr, www.heritagemalta.org). Er diente zwischen 1574 und 1798 als Sitz der Apostolischen Delegation und ist der einzige erhaltene Inquisitionspalast Europas. Seine heutige Gestalt mit der frühklassizistischen Frontfassade erhielt er 1767, doch sollen Teile des verwinkelten Baus noch aus der frühen Zeit der Johanniter stammen. Über das weiträumige Treppenhaus gelangt man im ersten Obergeschoss in den *gro-*

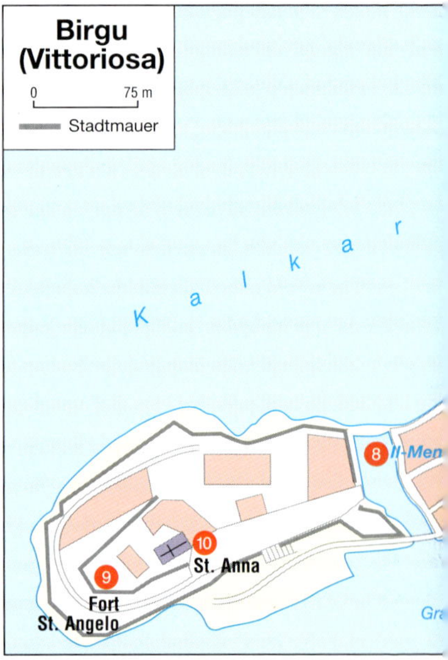

ßen Ratssaal, dessen Deckenfries die Wappen der Inquisitoren zeigt. An der rechten Querseite des Ratssaals öffnet sich eine Pforte zum *Gerichtssaal*, den die Delinquenten einst durch den sehr niedrigen Eingang gegenüber dem Richtergestühl betreten mussten. Auf diese Weise wurden sie zu einer unterwürfig gebeugten Haltung gezwungen. Verlässt man den Raum auf diesem Weg, gelangt man durch das Treppenhaus aufsteigend in die *Privaträume des Inquisitors*. Folgt man zur anderen Seite dem schmalen Gang zum *Gefängnistrakt* im Erdgeschoss, kann man bei einem Blick durch die Mauerschlitze in den *Galgenhof* sehr gut die Gefühle der damaligen Angeklagten nachempfinden. In den Zellen sind noch ›Graffitis‹ der Eingekerkerten zu erkennen.

Wenige Schritte weiter steht man auf dem **Misrah ir-Rebha** (ehem. Victory Square), dem Hauptplatz der Stadt. Unter dem *Siegesmonument* von 1705 und einer *Statue des hl. Lawrenz* (Laurentius) ist jedoch nur vormittags städtisches Leben zu beobachten. Im **St. Joseph's Oratory** 3 (Mo–Sa 9–12 Uhr) an der Südseite des Platzes wurde das sehenswerte *La Valette Museum* eingerichtet. Es zeigt neben Schwert und Hut des Großmeisters la Valette weitere Exponate aus der Zeit der Ordensritter auf Malta.

Vom Josephsoratorium sind es nur wenige Schritte zum Kai des *Dockyard Creek*, über den sich die breite Barockfassade der Kirche **San Lawrenz** 4 erhebt. Mit der vom Papstbesuch geadelten Feier ihres 900-jährigen Jubiläums unterstrich sie 1990 ihren Anspruch als älteste Kirche Maltas. 1090 soll sie von dem Normannengrafen *Roger* gegründet worden sein, einem Vetter von Wilhelm dem Eroberer, der auf Sizilien und Malta die Araberherrschaft beendete. Der heutige Bau, ein Werk des Maltesers *Lorenzo Gafà*, wurde 1697 geweiht. Neuere Zufügungen sind der südliche der *Westtürme* aus dem Jahr 1913 und die *Kuppel*, die erst nach den Zerstörungen der Kriegsjahre in dieser Form entstand. Im *Inneren* beeindrucken vor allem das Altarbild ›Das Martyrium des hl. Lorenz‹ von *Mattia Preti* und die kostbar verzierte Statue des Heiligen aus dem 16. Jh. Seine linke Hand stützt sich auf einen silbernen Rost, das Symbol seines Martyriums.

Das fast realsozialistisch kitschige **Freedom Monument** vor der Kirche erinnert an den Abzug der britischen Truppen, deren letzte Fregatte am 31. März 1979 von hier aus Malta verließ.

Links steht die britische *Marinebäckerei*, die 1844 an der Stelle eines 1806 explodierten Pulverarsenals errichtet wurde. In den Räumen ist heute das **Malta Maritime Museum** 5 (tgl. 9–17 Uhr, letzter Einlass 16.30 Uhr, www.heritagemalta.org) untergebracht. Sehr sehenswert

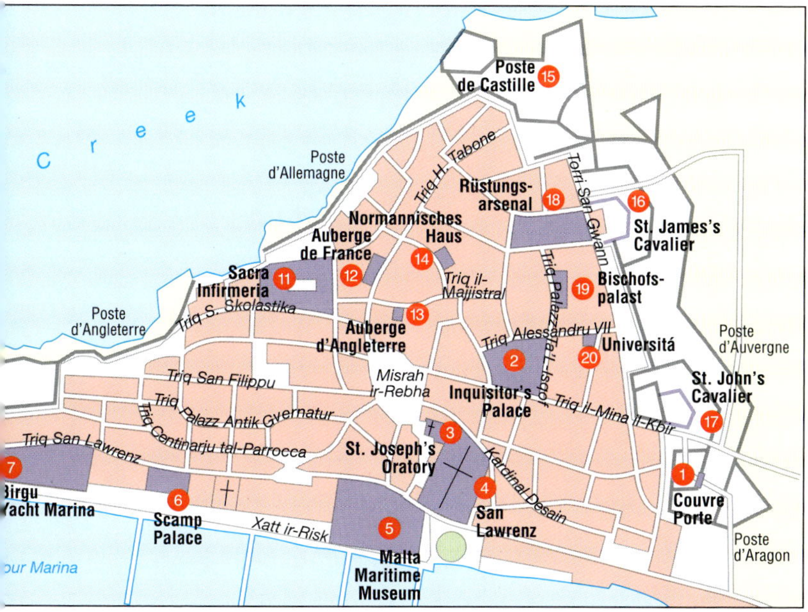

The Great Siege

Insgesamt vier Monate dauerte die **Große Belagerung** von 1565, aber da Fort St. Elmo die Feinde für gut einen Monat binden konnte [s. S. 36], blieb Birgu (Vittoriosa) zunächst eine Atempause. Ab Ende Juni lagen Birgu mit **Fort St. Angelo** und L'Isla (Senglea) mit **Fort St. Michael** unter dem Kanonenfeuer von den Höhen des Monte Sciberras, der ja erst danach mit der Stadt Valletta bebaut wurde. Dann ließen die türkischen Heerführer **Mustafa Pascha** und **Piali Pascha** einige Schiffe über den Sciberras-Rücken tragen, um die Festung von Süden her anzugreifen, die gefürchteten Eliteeinheiten der Janitscharen stürmten zugleich auf der Landseite.

Um seine Truppen schnell an die gefährdeten Bastionen bringen zu können, befahl Großmeister **la Valette** den Bau einer Pontonbrücke über den Dockyard Creek, der zudem mit einer Eisenkette zum Haupthafen verschlossen war. Mitte August waren die Mauern stellenweise so zerschossen, dass die Janitscharen mehr als einmal in die Stadt eindrangen und nur unter großen Verlusten zurückgeworfen werden konnten. Die Lage schien aussichtslos, doch la Valette befahl eisern durchzuhalten. Ende August ließ er sogar die schmale Verbindungsbrücke zwischen Birgu und Fort St. Angelo sprengen, um deutlich zu machen, dass es keinen Rückzug ins Fort geben dürfe.

In der ersten Septemberwoche landeten dann die ersehnten Truppen aus Sizilien in der Bucht von Mellieha, was die Türken veranlasste, die Belagerung abzubrechen. Am 8. September konnten die Glocken von Birgu den **Sieg des Kreuzes** verkünden.

wird hier die gesamte militärische und ökonomische Marinegeschichte Maltas von den Phönikern bis zur britischen Zeit dargestellt. Es finden sich Gemälde und Modelle, aber auch die komplette Dampfmaschine der 1951/52 gebauten ›Anadrian‹. Besonders interessant für Kinder ist der nachgebaute Gefechtsstand einer Fregatte aus dem 18. Jh.

Weiter am Kai entlang, der jetzt wie einst *Xatt ir-Risk*, Kai der guten Hoffnung, heißt, reihen sich die Marinegebäude der Johanniter und Briten: Gleich hinter der Karmeliterkirche liegt der **Scamp Palace** 6, in dem der Flottenkommandant residierte. Heute ist der Bau pompös umgebaut zum **Casino di Venezia** (Mo–Do 20–4, Fr–So 16–4 Uhr, Ausweis auch für Besuch von Bar und Restaurant erforderlich), das gern von schwerreichen Sizilianern besucht wird. Etwas weiter finden im früheren Palast der Galeerenkapitäne die Büros der **Birgu Yacht Marina** 7 einen Platz. Dahinter kommt man zum Galeerenhafen **Il-Menqa** 8, der vor dem Ansturm der Osmanen 1565 noch schnell aus dem Fels unterhalb von Fort St. Angelo ausgehoben wurde. Während der Großen Belagerung konnten die Ritter dort ihre Galeeren in Sicherheit bringen.

Wenn man die kleine Brücke zum Hafentor von **Fort St. Angelo** 9 passiert, erkennt man noch die schmale *Brücke* aus der Ordenszeit sowie die Reste des ursprünglichen Tores. Bis 1979 war die Festung Sitz des Oberkommandos der britischen Mittelmeerflotte, dann diente sie als Hotel. Heute hat im oberen Teil der Malteserorden als Rechtsnachfolger der Johanniterritter wieder eine Vertretung eingerichtet. Das Fort soll vom Orden instandgehalten werden; im Gegenzug ist sogar die völkerrechtliche Abtretung dieses Territoriums in der Diskussion. Derzeit sind Renovierungsarbeiten im Gange, es ist zu hoffen, dass man die Bastionen bald wieder besteigen darf und den schönen Hafenblick genießen kann. In der Kapelle **St. Anna** 10 auf dem höchsten Punkt der Anlage ist eine Säule aus rotem Granit verbaut, die aus dem antiken Heiligtum stammen soll.

Lohnend ist auch ein Gang durch die Gassen von Birgu, das ebenso still erscheint wie Mdina es aufgrund des Touristenrummels nun nicht mehr ist. Am Misrah ir-Rebha [s. S. 51] markiert ein rundlicher Granitstein neben dem prachtvollen Gebäude des *Duke of Edinburgh Club* die frühere Grenze des **Collachio**, des Ritterviertels, von dessen Bauten etliche Herbergen die Zeit überdauert haben. Die alte **Sacra Infirmeria** 11 an der Triq S. Skolastika, das ehemalige Ordenshospital, ist seit 1604 Sitz eines Nonnenklosters der Benediktiner. Schön erhalten ist neben der **Auberge de France** 12 vor allem die **Auberge d'Angleterre** 13 in der Triq il-Majjistral, die als öffentliche Bibliothek zugänglich ist. Die *Auberge d'Allemagne* jedoch, die sich gleich hinter dem Stein am Misrah ir-Rebha er-

Abseits der modernen Geschäftigkeit – ein Reigen alter maltesischer Balkonhäuser zieht sich die schmalen Altstadtgassen von L'Isla entlang

hob, wurde nach dem Krieg nicht wieder rekonstruiert.

Das älteste Gebäude von Vittoriosa und eines der wenigen erhaltenen Beispiele siculo-normannischer Architektur ist das aus dem 13. Jh. stammende **Normannische Haus** 14 an der Triq Tramuntana.

Mächtige Bastionen erinnern noch heute an die einstige Wehrhaftigkeit Birgus. Besonders imposant ist die **Poste de Castille** 15 an der Nordostecke der Stadtbefestigung, wo die Türken am 18. August 1565 eine Bresche sprengen und in die Stadt eindringen konnten. Nur dem persönlichen Einsatz von Großmeister la Valette und seiner Leibgarde war es zu verdanken, dass der Angriff zurückgeschlagen werden konnte.

Landseitig schließen sich die Kanonenplattformen des **St. James's Cavalier** 16 an der Poste d'Auvergne und des **St. John's Cavalier** 17 an der Poste de Provence an. In den Gassen dahinter haben sich weitere Gebäude aus der Ritterzeit erhalten: das **Rüstungsarsenal** 18, der heute als Schulgebäude dienende **Bischofspalast** 19 sowie der Sitz der **Universitá** 20.

L'Isla (Senglea)

Zu dem Städtchen auf der Landzunge gegenüber geht man von Birgu nur etwa

Da lacht das Auge – ein weiter Blick von L'Islas Vedette auf den Grand Harbour

Verträumte Idylle – in der Bucht von Kalkara sind zuweilen die traditionellen dghajjes zu sehen, Boote, die den venezianischen Gondeln nachempfunden sind

15 Minuten, wobei man im hintersten Winkel der Bucht das legendäre, jedoch mittlerweile geräumte **Dock No.1** umrundet, das die Johanniter 1776 anlegten. Zuvor waren Birgu und L'Isla durch eine gemeinsame Landmauer geschützt – sie bildeten eine einzige Festung rund um die Hafenbucht –, deren Rest noch zu beiden Seiten des Senglea-Tores erhalten ist: rechts die **Poste d'Italie**, links **Fort St. Michael**, das schon vor 1550 unter Großmeister Homedes begonnen wurde. Die Werkhallen sollen zukünftig für Firmenneugründungen genutzt oder zu Apartments und Lokalen umgebaut werden.

Auf der breiten Triq il-Vitorja kommt man bald zur Pfarrkirche **Our Lady of Victory**, die ursprünglich 1580 von *Vittorio Cassar* errichtet wurde, nach dem Krieg jedoch in der heutigen Form neu gebaut werden musste. Auch sonst stammen die meisten Gebäude des Orts aus der Nachkriegszeit. Man sollte jedoch einmal um die Kirche herumgehen: Von den alten Bastionen kann man gut die beiden großen **Docks No.2** und **No.3** überschauen. Hier meint man, L'Isla lebte nicht mit, sondern in den Docks.

Treppengassen und Balkonkaskaden begleiten den Weg zur Spitze der Landzunge mit einem kleinen Gartenpark. Über den Bastionen schwebt die **Vedette**, ein Ausguckposten mit prachtvollem Blick über den Grand Harbour. Die beiden *Augen* und *Ohren* an den Mauern symbolisieren die stetige Wachsamkeit der Ritter im Dienste des Christentums, das durch die Figur eines *Pelikans* dargestellt ist. Am Kai zum Dockyard Creek kann man mit schönem Blick auf Birgu und seine neue Jacht-Marina in einfachen Terrassenlokalen eine Besichtigungspause einlegen.

Bormla (Cospicua)

Der maltesische Name Bormla ist abgeleitet von Bir-Mula, ›Brunnen des Herrn‹, was sich auf die spanische Adelsfamilie Naval bezieht, die vor den Johannitern im Castello von Birgu residierte. Die **Altstadt**, durchzogen von engen, schattigen Treppengassen, drängt sich im Schutz der *Margerita Lines*, der ersten Wallmauer. Im Areal bis zu den *Cottonera Lines*, der zweiten Mauer des einstigen Verteidigungsgürtels rund um die ›Three Cities‹, liegen nur einige moderne Gebäude und der Fußballplatz.

Zwischen Kai und Altstadt erhebt sich die barocke **Pfarrkirche der Unbefleckten Empfängnis**, die den Krieg unbeschadet überstand und mit zahlreichen Gemälden des 18. Jh. ausgeschmückt ist. Wer ein wenig am maltesischen Alltag teilhaben will, wählt für den Bummel am besten den frühen Abend, wenn die Dockarbeiter zurückgekehrt sind.

Ein besonderes Erlebnis ist die **Festa** am 8. Dezember, die vom *St. George Band Club* ausgerichtet wird, einem der ältesten der Insel.

Wer mit dem Auto unterwegs ist, sollte einmal an den mächtigen **Befestigungsanlagen** vorbeifahren. Eine Straße führt rings um die Stadt zwischen den beiden Wällen hindurch. Gut erhalten ist etwa das *Liena Gate* (oder St. Helen Gate) und das *Verdala Gate* (oder Rock Gate) im inneren Wall sowie das *Polverista Gate* und das *Zabbar Gate* (oder Notre Dame Gate) im äußeren Wall. Letzteres ist fast ein Triumphbogen zur Ehre von *Nicolas Cotoner*, unter dessen Herrschaft es 1675 fertig gestellt wurde.

i Praktische Hinweise

Restaurants

Bucintoro Restaurant, Casino di Venezia, Birgu (Vittoriosa) Tel. 21 80 55 80. Restaurant auf dem Dach des Casino-Palastes. Sehr distinguiert, Spitzenküche à la Venezia zu entsprechenden Preisen, tolles Valletta-Panorama (Di geschl.).

Restaurant Boccaccio, Couvre Porte, Birgu (Vittoriosa), Tel. 21 67 57 57. Kleiner Gastraum, aber große Sonnenterrasse; Pizzas und Kleinigkeiten aus der maltesischen Küche.

6 Kalkara

Bootsbauer und Filmemacher am Rande der Cottonera.

Mit dem Bau des Fort Ricasoli auf der Landzunge an der Einfahrt zum Hafen wurde 1670 der Befestigungsgürtel um den Grand Harbour geschlossen. Erst in britischer Zeit entwickelte sich dann unterhalb des Royal Navy Hospital, das die Engländer auf der Bighi-Höhe (*Biji*) nördlich von Birgu errichtet hatten, das Dorf **Kalkara**. Es ist für seine Bootsbauer bekannt, die am *Kalkara Creek* bis heute die traditionellen maltesischen Dghajjes (*Daijes*, sing. Dghajsa, *Da-isa*) bauen. Diese flachen Boote den hohen Bugsteven wurden früher wie die venezianischen Gondeln im Stehen gerudert. Während die beiden großen historischen Komplexe des **Bighi Hospital** und des **Fort Ricasoli**, in dem übrigens Teile der Hollywood-Streifen ›Gladiator‹ und ›Troja‹ gedreht wurden, und wo in den nächsten Jahren ein Zentrum für aufstrebende Firmen der Informationstechnologie entstehen soll. Noch weiter östlich an der Küste kann man das **Fort Rinella** (Mo–Sa 10–16 Uhr, Führungen 11.30 und 14.30 Uhr, Do und Sa 14.30 Uhr Re-enactment mit Soldaten in historischen Uniformen) besuchen. Hier wird ein martialisches Relikt des späten 19. Jh. gezeigt: eine 100 t schwere *Armstrong-Kanone*, die die Briten zum Schutz gegen Angriffe italienischer Kriegsschiffe installierten. Das Geschütz konnte mit seinen 90-kg-Geschossen auf gut 5 km Entfernung knapp 40 cm starke Schiffswände aus Eisen durchschlagen.

Unterhalb sind die Anlagen der **Mediterranean Film Studios** zu erkennen, wo schon Hollywood-Regisseure ihre Seeszenen gedreht haben. Das runde Wasserbecken ist so angelegt, dass die Schiffe auf offener See zu fahren scheinen.

7 Zabbar

Kleines Landstädtchen im Schatten seiner riesigen Kirche.

Der Ort Zabbar (*Sabar*), ein ländliches Städtchen, in dem lange Reihen bunter Holzerker das Straßenbild bestimmen, ist einer der ältesten Maltas und wurde schon in der Volkszählung von 1419 erwähnt. Aufgrund der Piratengefahr aber war Zabbar, dessen damalige kleine Kir-

Ausgelassen, fröhlich und farbenprächtig – Festa Santa Marija ta'Grazzia in Zabbar

Lichterglanz und Farbenpracht – Santa Marija Ta'Grazzia in Zabbar zur Festa

che der Gnadenreichen Maria geweiht war, vor 1565 fast völlig verlassen. Da dieser *Santa Marija ta'Grazzia* dann die Errettung aus der Großen Belagerung zugeschrieben wurde, erhielten Kirche und Ort danach besondere Förderung durch den Johanniterorden.

Von Paola kommend, passiert man weit vor Zabbar zuerst den **Hompesch Arch**, einen Triumphbogen, den der deutsche Großmeister von Hompesch 1797 stiftete. Dieser letzte Großmeister auf Malta [s. S. 33] verlieh Zabbar auch Stadtrechte und den Titel ›Città di Hompesch‹. Die heutige Pfarrkirche **Santa Marija Ta'Grazzia**, die am Sonntag nach dem 8. September *Festa* feiert, wurde 1641 auf Kosten des Ordens durch Tumas Dingli erbaut. Mit ihrer prachtvollen *Fassade*, die Giovanni Bonavia 1738 hinzufügte, gilt sie als eine der schönsten Barockkirchen Maltas. Unter den reich verzierten *Westtürmen* springt eine *Vorhalle* zur etwas erhöhten, typisch maltesischen Plattform (*Zuntier*) vor. Lebensgroße *Heiligenfiguren* am Aufgang und auf den Ecken der Seitenschiffe, Säulen und üppiger Skulpturenschmuck geben ihr einen verspielten Charakter.

Im **Sanctuary Museum** (tgl. 9–12 Uhr, Tel. 21824383) rechts hinter der Kirche sind Gemälde, Galeerenmodelle, eroberte Banner aus der Großen Belagerung und die Kutsche des Großmeisters Wignacourt aus dem frühen 17. Jh. ausgestellt.

In der **Altstadt**, etwa an der Triq Bajada und dem Hauptplatz Misrah is-Sliem, sind schöne Beispiele früher maltesischer Architektur zu entdecken. Dort gibt es auch einige einfache Bars.

Alle Vögel…

Zu Vogelflugzeiten ist das Gebiet rund um Marsaskala ein beliebtes Revier der Jäger, die hier vor allem mit Lockvögeln und Schlagfallen ihrem grausamen Geschäft nachgehen. Der **Vogelmord** auf Malta ist allen Protesten aus Europa zum Trotz weiterhin ein beliebtes ›Hobby‹ der Malteser. Die Vögel, die jährlich zu Zehntausenden auf ihrem Zug in den Süden auf der Insel rasten, sind seit jeher eine begehrte Bereicherung des **Speisezettels**. Kleine Sänger werden auch in Käfigen gehalten, größere Exemplare wie Reiher oder Greifvögel enden ausgestopft als **Dekoration** fürs Wohnzimmer. Europäische Ornithologen erbittert vor allem, dass die Populationen ganzer Gebiete ausgelöscht werden, die bei uns auf der **Roten Liste** stehen und mit großem Aufwand geschützt werden. Gegenüber den Jägern sollte man sich dennoch zurückhalten, sie sind für ihre ›handfesten‹ Argumente berüchtigt.

Beim EU-Beitritt hat man sich auf einen weichen Kompromiss geeinigt, der Ausnahmeregelungen bis 2008 vorsieht. Die Jagd im Frühjahr ist nun auf Turteltauben und Wachteln beschränkt, Finken dürfen weiterhin in Netzen gefangen werden. Über den Umfang der illegalen Jagd gibt es keine Angaben, nach Schätzungen sterben aber über 200 000 Vögel jedes Jahr auf den Inseln. Immerhin sind die Patrouillen der Umweltpolizei nun verstärkt worden.

Rund und beinahe anschmiegsam für Sonnenfreunde und Badefans zurechtgeschliffen hat die Brandung den Felsenstrand an der St. Thomas Bay bei Marsaskala

8 Marsaskala

Ein eher ruhiges Urlaubsstädtchen in einer tiefen Fjordbucht.

Marsaskala, dessen Name von *Marsa li-Sqallin*, ›Hafen der Sizilianer‹, abgeleitet ist, liegt am Ende einer langen, felsengefassten Bucht. Ungebetenen Gästen wie Piraten versuchte man sich durch den Bau zahlreicher Schutzforts zu erwehren, etwa der *Zonqor Battery* über der nördlichen Bucht, des *St. Thomas Tower* oder des *Mamo Tower* im Hinterland der St. Thomas Bay etwas weiter im Süden.

Das einstige kleine Fischerdorf ist auch als **Sommerfrische** bei wohlhabenden Maltesern beliebt, sodass die Halbinsel zur St. Thomas Bay inzwischen völlig mit Villen zugebaut ist. Dennoch blieb Marsaskala ein beschauliches Städtchen, und noch immer liegen fotogen farbenfrohe **Luzzu-Boote** im Hafen.

Entlang der nördlichen Buchtseite und der Triq ix-Xatt, die etliche Cafés mit Meerblick säumen, erreicht man auf der Landspitze nahe dem Hotel Corinthia Jerma Palace den **St. Thomas Tower**. Nachdem der 1614 errichtete Turm einige Zeit als Restaurant diente, ruht er heute wieder in stoischer Monumentalität.

Die beste Badegelegenheit am Ort ist die **St. Thomas Bay** im Süden mit einem Strandlido. Wenn man die Bucht mit ihren traditionellen Fischerhütten umrundet, kann man zur einsamen Halbinsel Munxar (*Munschar*) hochsteigen. Ganz nah bei der eindrucksvollen Steilküste ist dort die megalithische Tempelanlage **Xrobb il Ghagin** (*Schrob-il-adschin*) dokumentiert, die allerdings teilweise ins Meer abgerutscht ist.

i Praktische Hinweise

Hotels

****Corinthia Jerma Palace**, Dawret it-Torri, Marsaskala, Tel. 21633222, Fax 21829485, www.corinthia.com. Modernes Großhotel auf der Felszunge zur St. Thomas Bay; vom riesigen Poolrund blickt man nur noch aufs Meer. Sportangebote von Wasserski bis Tauchen.

Ramla Lodge, St. Thomas Bay, Marsaskala, Tel./Fax 21637596. Kleines Hotel in ruhiger Lage mit Pool und Restaurant.

Restaurants

Fishermen's Rest, St. Thomas Bay, Marsaskala, Tel. 21632049. Traditionsreiches, charmantes Fischrestaurant mit maltesisch-bäuerlicher Küche (Febr. und So geschl.).

Grabiel, M. Bonnici Square, Marsaskala, Tel. 21634194. Sehr beliebtes Restaurant in der Mitte der Bucht. Italienische Küche, Spezialität sind Fischgerichte (So geschl.).

9 Zejtun

Eine Barockkirche und ein Wehrkirchlein noch aus dem Mittelalter.

Auch Zejtun (*Seitun*) wurde wie Zabbar durch Großmeister *von Hompesch* Stadtrecht verliehen. Im Mittelalter hieß der Ort **Bisqallin** (›Land der Sizilianer‹), was sich wohl auf die Einwanderer bezog, die Kaiser Friedrich II. auf Malta ansiedelte. Der heutige Name (›wo es Öl gibt‹) deutet auf Olivenanbau hin, doch Ölbäume sind hier inzwischen ebenso selten wie im übrigen Malta. Die früheren Bestände ließen die Briten vor der Mitte des 19. Jh. fällen, um Platz für den lukrativeren Baumwollanbau zu schaffen.

Die Pfarrkirche **St. Catherine**, die das Dorf weithin sichtbar überragt, wurde 1692 nach Plänen von *Lorenzo Gafà* begonnen und gilt als der schönste Sakralbau dieses Architekten. Allerdings wurde die lebhaft durch Pilaster gegliederte *Fassade* erst 1778 vollendet, die *Kuppel* sogar erst 1907 hinzugefügt. Die Fassade beeindruckt durch ihre im Vergleich zur Höhe außerordentliche Breite, was vor allem an den ausladenden Stützwerken an den Seiten deutlich wird, die die eher niedrigen Seitenschiffe kaschieren. Das *Innere* ist reich mit Sakralgemälden des 18. und 19. Jh. ausgestattet; das Altarbild stellt das Martyrium der hl. Katharina dar.

Schöne alte Häuser sind in den verwinkelten **Altstadtgassen** zu sehen, die sich links der Pfarrkirche beiderseits der Triq il-Kbira anschließen. Etwa 300 m von St. Catherine entfernt an der Triq Santa Katerina liegt die **Casa Perellos**, ein Landhaus des Großmeisters Ramon Perellos (1697–1720), dessen Fassade mit seiner Büste geschmückt ist.

Wie man auf Malta vor den Johannitern und deren barocker Stilprägung Kirchen baute, zeigt die alte Pfarrkirche von Zejtun. Die Ursprünge der Kapelle **St. Grigor** am Ortsende Richtung Marsaskala (etwa 1 km über die Triq San Grigor links an der Katharinenkirche vorbei) reichen vermutlich bis ins 14. Jh. zurück. Auch sie war zunächst der hl. Katharina geweiht, wurde dann aber zu Ehren von *Grigor Bonnici*, einem Capitano der Universitá von Mdina, der das Geld für die neue Pfarrkirche gespendet hatte, dem hl. Gregor zugewidmet. Ein neben dem Chor in den Bau integrierter alter *Wachtturm* mit Schießscharten verleiht dem Gotteshaus Wehrcharakter. Neueren Datums sind die beim Umbau Anfang des 17. Jh. entstandenen *Renaissanceportale* der heutigen Eingänge. Spuren eines früheren gedrungenen siculo-normannischen und eines höheren romanischen Tors sind noch im Mauerwerk des Langhauses zu erkennen. Im **Inneren** lohnt das *Altarbild* eine nähere Betrachtung: Es zeigt die hl. Katharina sowie den Stifter Philippe di Castelli, der

Alles fertig? Zu Beginn der Prozession von St. Grigor in Zejtun muss jeder am rechten Platz sein. Die wachsamen Augen der zahlreichen Zuschauer werden jedem Schritt folgen

Bunte Fischerromantik im Hafen von Marsaxlokk – die farbenprächtigen Luzzu-Boote sind eines der meistfotografierten Motive Maltas

unter Alof de Wignacourt Oberbefehlshaber der Kavallerie war. Auf der Karte in der linken Ecke ist der Grand Harbour mit der neuen Stadt Valletta und dem gerade erbauten Wignacourt-Aquädukt [s. S. 75] zu erkennen. Die Kirche ist nur sonntags und zu Begräbnissen geöffnet.

10 Marsaxlokk

Eines der hübschesten Fischerdörfer Maltas.

Der heutige Ort Marsaxlokk (*Marsaschlock*) ist relativ jung, erst 1897 wurde die Pfarrkirche erbaut – doch auch sie im Barockstil mit der typischen hohen Kuppel. Das inzwischen größte Fischerdorf Maltas (oft auch M'xlokk geschrieben) liegt im Zentrum einer weiten Bucht, die von den beiden Landzungen *Delimara Point* im Norden und *Benghisa Point* im Süden gerahmt wird. Diese Bucht war in antiker Zeit, von den Phönikern bis zu den Römern, der Haupthafen der Insel. Antike Autoren berichten von zwei großen Tempeln im Hafenbereich, von denen bislang nur der phönikische *Astarte-Tempel* bei der Ausgrabungsstätte **Tas Silg** (*Tas-sildsch*, nur auf Anfrage zu besichtigen, Tel. 22 95 40 00, www.heritagemalta.org) identifiziert werden konnte. Das Heiligtum, das auf dem Platz eines Megalithtempels stand, wurde unter römischer Herrschaft der Juno geweiht und in frühbyzantinischer Zeit mit einer Kirche überbaut. Eine Andeutung des weit reichenden Ruhms des Juno-Tempels ist der berühmten Anklage des Cicero zu entnehmen, der den sizilianischen Proprätor Verres auch der Plünderung dieser Kultstätte beschuldigte. Der zweite Tempel, zuerst dem phönikischen Gott Baal/Melkart, dann dem Herkules geweiht, lag eventuell auf der mittleren Landzunge der Bay, die heute das Fort San Luciano trägt. Aus diesem Heiligtum dürfte der **Doppel-Cippus** stammen, der mit seiner Bilingue die Entzifferung des phönikischen Alphabets ermöglichte [s. S. 22].

Im Mittelalter wurde die Bucht verlassen, da sie schutzlos den Piraten ausgeliefert war, und auch die osmanische Armada der Großen Belagerung ließ am 19. Mai 1565 vor Marsaxlokk die Anker fallen. Erst Anfang des 17. Jh., als die Johanniter die gesamte Küste Maltas mit einer Kette von Wachtürmen sicherten, befestigten sie auch die gefährdete Marsaxlokk Bay mit dem **Fort San Luciano**, in dem heute ein meeresbiologisches Institut untergebracht ist, und zahlreichen kleineren Geschützstellungen (auf den Karten *Battery* genannt). Doch auch diese Maßnahmen konnten gegen Napoleon, der seine Truppen hier ebenfalls an Land setzte, nichts ausrichten [s. S. 33].

›Schau mich bitte nicht so an …‹ – ihre kraftvolle Farbigkeit und die charakteristische Augenzier machen die traditionellen Luzzu-Boote zum Wahrzeichen des Inselstaats

Gegen die letzte Invasionsgefahr im Weltkriegsjahr 1942 setzten dann die Briten tonnenweise Beton ein – ihre massiven Geschützstellungen auf der Delimara-Landzunge erinnern fast an die französische Maginot-Linie.

Heute ist Marsaxlokk, das sich den Charme eines Fischerdorfs bewahren konnte, vor allem wegen seiner großen Flotte farbenprächtiger **Luzzu-Boote** bekannt, die sich von den Dghajjes [s. S. 55] durch etwas größere Abmessungen und ihre Kajüte unterscheiden. Beiden gemeinsam ist aber der hohe Bugsteven, der auf phönikische Vorbilder zurückgehen soll. Vorantike Ursprünge könnten auch die aufgemalten Augensymbole haben; sie sollen Unheil und Gefahr abwenden.

Vor dieser fotogenen Hafenszenerie findet täglich von 9 bis etwa 16 Uhr ein **Markt** statt, auf dem neben dem obligatorischen Fisch auch Obst und Gemüse sowie maltesische Spitze und Strickwaren verkauft werden. Überschattet wird das Idyll jedoch durch das Kraftwerk auf der Delimara-Landzunge und die gewaltigen Kräne des Container-Hafens bei Birzebbuga.

Auf der Delimara-Landzunge, allerdings zum offenen Meer hin, liegt auch einer der schönsten *Badeplätze* Maltas, **Peter's Pool**. Zu der halbkreisförmigen, von breiten Felsplatten gesäumten Bucht biegt man hinter dem Kraftwerk links in einen Feldweg ab. Etwas weiter befindet sich beim Fort Delimara eine ähnliche Badestelle, **Il-Qala** genannt.

i Praktische Hinweise

Restaurants

Ir-Rizzu, 52 Xatt is-Sajjieda (an der Uferstraße beim Markt), Marsaxlokk, Tel. 21651569. Bei Einheimischen beliebtes Restaurant, das fangfrischen Fisch zu moderaten Preisen serviert (Fei geschl.).

Harbour Lights, Xatt is-Sajjieda, Marsaxlokk, Tel 21658089. Schöne Terrasse am Hafen, Self Service und angeschlossene Eisbar.

11 Birzebbuga und Borg in-Nadur

Hafenstädtchen mit Pretty Bay, ›Höhle der Finsternis‹ und Fliehburg der Bronzezeit.

Birzebbuga (*Birsebudscha*) war in prähistorischen Zeiten ein bedeutender Siedlungsplatz, wie die Höhle von *Ghar Dalam* und die bronzezeitliche Fliehburg von *Borg in-Nadur* bezeugen. Im Mittelalter ebenso wie Marsaxlokk verlassen, entwickelte sich der heutige Ort erst Ende des 19. Jh. Der ›Tourismus‹ begann hier schon früh mit dem Bau des Flughafens Hal Far 3 km südlich, als nämlich die britischen Soldaten die kleine Sandbucht entdeckten und begeistert **Pretty Bay** tauften. Inzwischen ist die Idylle aber schon wieder Geschichte, denn seit der Inbetriebnahme der Freeport Terminals blicken die wenigen Gäste auf Kräne und

Frischer geht's nicht – direkt aus dem Netz der Fischer gelangt die salzige Ware aus dem Meer jeden Tag auf den Markt von Marsaxlokk

Schiffsriesen kaum 1000 m vor ihrem Strand. Einfache Snack Bars und Restaurants bieten an der Bucht Erfrischungen und internationale Küche.

Ein Besuch von Birzebbuga lohnt vor allem wegen der Höhle **Ghar Dalam** (*Aar dalam*, tgl. 9–17 Uhr, letzter Einlass 16.30 Uhr, www.heritagemalta.org), etwa 1 km vor der Stadt an der Straße nach Zejtun: In der ›Höhle der Finsternis‹ haben Ausgrabungen tierische *Skelettreste* des Paläolithikums (600 000–10 000 v. Chr.) zutage gefördert, etwa von Nilpferden, Riesenschwänen, Zwergelefanten, Wölfen, Hirschen und Braunbären. Einst muss also eine erstaunliche Tierwelt Malta bevölkert haben, das in den Eiszeiten, in denen der Meeresspiegel bis zu 120 m tiefer lag, wohl mit Europa verbunden war – nicht aber mit Afrika, von dem es durch einen Grabenbruch getrennt ist.

Die große Menge der Knochen erklärt sich dadurch, dass die Höhle ursprünglich ein tertiärer unterirdischer Flusslauf war. Als das Wied Dalam dessen Decke durch Erosion aufriss, spülte das damals üppiger fließende Wasser die Knochen von Tierkadavern in die Höhle hinein. Daher weisen die meisten Funde starke Abschürfungen auf. Die kompletten Skelette, die das kleine **Museum** zeigt, sind auch keine Originale, sondern neuzeitlich: Der ›Zwergelefant‹ etwa starb als Jungtier im Tierpark Hagenbeck in Hamburg. Archäologisch interessant ist Ghar Dalam, weil hier die lange Zeit ältesten Spuren menschlicher Besiedlung auf Malta entdeckt wurden (um 5200 v. Chr.). In der beinahe vollständig ausgeräumten Grotte sind heute als Zeugenschnitte noch Teile der ursprünglichen Ablagerungen zu sehen, aus denen Knochen herausragen.

Der eher selten besuchte chalkolithische und bronzezeitliche Siedlungsplatz **Borg in-Nadur** (*Bordsch in-nadur*, nur auf Anfrage zu besichtigen, Tel. 21 23 95 45, www.heritagemalta.org) liegt näher an der Küste, wo die Straße von Zejtun die St. George's Bay erreicht. Man parkt am besten an der Kapelle San Gorg, die auf einer rekonstruierten Geschützstellung der Johanniter steht; dahinter beginnt ein Feldweg. Links dieses Pfades stößt

Ein neuzeitliches Skelett vermittelt im Museum von Ghar Dalam einen Eindruck von der voreiszeitlichen tropischen Fauna Maltas

Auf steinigen Wegen zur Südküste – hüfthohe Mauern türmen sich zwischen den Feldern. Die Bauern schützen ihre Äcker so vor Erosion

man zunächst auf die Trümmer eines *Megalithtempels* (um 3000 v. Chr.), von dem aber nur wenige Orthostaten blieben. Von dort geht man am Abbruch des Plateaus etwa 200 m weiter, bis schließlich eine etwa 5 m hohe, halbrunde **Bastion** aus kleinen, mörtellos gefugten Bruchsteinen erreicht ist. Sie sperrt den Felssporn zwischen dem Wied Dalam im Osten und dem Wied Has-Saptan nach Westen ab und war das zentrale Verteidigungswerk einer Fliehburg aus der Bronzezeit (ca. 1200 v. Chr.). Im Westen lag der von Kurtinen geschützte *Eingang*, östlich schließt sich etwas zurückversetzt eine kleinere Bastion an, die die Ostmauer kontrollierte. Auf dem Felsplateau vor der Hauptbastion kann man sogar noch **Schleifspuren** (›Cart ruts‹) entdecken, die von den Karren der Siedler am Ende des 2. Jtd. v. Chr. stammen sollen.

i Praktische Hinweise

Restaurant

Al Fresco, St. George's Bay, Birzebbuga, Tel. 21 65 34 22. Beliebtes Ausflugslokal mit guter Pasta-Küche, leckerer Pizza und riesigen Eisbechern. An Wochenenden mittags etwas voll.

12 Hal Far

Die Welt von Playmobil auf Malta.

Bei Hal Far, ganz im Süden Maltas, legten die Briten in den frühen 1920er-Jahren den ersten Flugplatz Maltas an. Während des Zweiten Weltkriegs wurde er vom Militär intensiv genutzt. Im Jahr 1979 übergaben ihn die Engländer an die maltesische Regierung, die seither versucht, in der Umgebung Industrie anzusiedeln, was seit dem Bau des Freihafens bei Kalafrana zunehmend besser gelingt.

Für Touristen von besonderem Interesse ist der **Playmobil Funpark** (tgl. 10–18 Uhr, Tel. 22 24 24 45, www.playmobilmalta.com) der bei der großen Playmobil-Fabrik auf Malta entstand. Die Höhle Ghar Hasan, die früher viele Besucher in diese Gegend zog, ist mittlerweile jedoch wegen Einsturzgefahr geschlossen.

13 Blue Grotto und Zurrieq

Capri-Stimmung auf Malta, dazu traditionelles Leben in Zurrieq.

Die **Blue Grotto** knapp 3 km südlich von Zurrieq ist eines der beliebtesten Ausflugsziele Maltas. Bei der Anfahrt von Zurrieq aus durchquert man das steinige *Wied iz-Zurrieq* (oder Wied Babu), hinter dessen übereinander gestaffelten Felsmauern sich jedoch fruchtbare Felder verbergen. Vom Parkplatz geht man an Souvenirläden vorbei zur Anlegestelle der Boote, die allerdings bei stürmischer See den Betrieb einstellen. Schon vom felsigen Eingang zu der etwa 25 m hohen Grotte, von den Maltesern *Tat il-Hnejja* (›Unter dem Bogen‹) genannt, strahlt den Booten die tiefblaue Färbung des Wassers entgegen, die das schräg einfallende

Licht – besonders intensiv in den Morgenstunden – hervorbringt. Diesem Farbzauber entsprechend wurde sie von den Briten wie jene auf Capri ›Blaue Grotte‹ getauft.

Das nahe gelegene **Zurrieq** (*Surrie'*), das zu den ältesten Pfarreien auf Malta zählt, lohnt ebenfalls einen Besuch. Der 1436 gegründete Ort ist heute mit den umliegenden Gemeinden Bubaqra (*Buba'ra*), Nigret und Safi zusammengewachsen. Dabei ist es nicht einfach, die alten Zentren mit ihren traditionellen Häusern im Konglomerat der modernen Villen auszumachen. Einfache Bars laden zu einer Pause ein, am gastlichsten ist es jedoch bei den Band-Clubs.

Unübersehbar ist die 1634 entstandene Pfarrkirche **St. Catherine** östlich der Hauptstraße zur Blauen Grotte. Während die *Sakristei* noch Teil des ursprünglichen Baus ist, erhielten das Langhaus und die Fassade erst Ende des 19. Jh. ihre heutige Gestalt. Bedeutend ist die Kirche, weil sie etliche Werke des kalabrischen Barockmalers *Mattia Preti* verwahrt, der die Johanneskathedrale in Valletta [s. S. 22] ausgestaltete und als Flüchtling vor der Pestepidemie 1676 in den abgelegenen Ort kam. Im *Garten* des Pfarrhauses ist die Ruine eines Turms aus phönikischer Zeit mit 5,60 m Höhe erhalten, jedoch leider nicht zugänglich.

Neben weiteren kleinen Kirchen, zumeist aus dem 15. und 16. Jh., ist die restaurierte Windmühle **Ta' Xarolla** am Ortsrand Richtung Hal Far erwähnenswert, die aus der Johanniterzeit stammt.

Wie Malta früher einmal ausgesehen hat, zeigt ein Spaziergang (etwa 15 Min.) in den heute aufgegebenen Ort **Hal Millieri**. Man nimmt die Straße nach Mqabba und hält sich bei der zweiten Kreuzung rechts. In den von Steinmauern begrenzten Feldern erreicht man zwei kleine Kirchen, die sich am Weg gegenüberstehen. **San Gwan** links stammt aus dem 14. Jh.; vor ihr liegt eine steinerne *Ölpresse*, die als römisch angesehen wird.

Die der Verkündigung geweihte **Hal Millieri Chapel** (nur jeden 1. So im Monat 9.30–12 Uhr) rechts erhebt sich innerhalb einer Umfriedung, deren Portal von einem älteren, abgerissenen Gotteshaus stammt. Interessant ist zunächst der gepflasterte Hof vor dem Eingang, der ein unterirdisches *Beinhaus* darstellt. Dies macht den Ursprung der typischen Plattform vor den mittelalterlichen Kirchen Maltas, *Zuntier* genannt, deutlich. Der Begriff leitet sich vom sizilianischen Dialektwort *Zimmiter* für Friedhof ab; die Bau-

Die bunte artenreiche Unterwasserwelt Maltas ist ein Mekka für Tauchsportler

Ein Engel wird geboren – das Steinmetzhandwerk auf Malta ist eine alte Kunst

form wurde auch in späteren Zeiten beibehalten. Einzigartig für Malta ist auch der Innenraum, der mit *Fresken* im siculobyzantinischen Stil ausgemalt ist. Sie stammen aus der Mitte des 15. Jh. und zeigen wie in griechischen Kirchen lebensgroße Heilige, die sich so mit den Gläubigen zur Liturgie zu versammeln scheinen.

i Praktische Hinweise

Restaurant

Tax-Xiha, Congreve Street, Wied iz-Zurrieq, Tel. 21 68 06 84. Frischer Fisch zu günstigen Preisen in einem schönen historischen Fischerhaus mit luftiger Dachterrasse.

14 Mqabba und Qrendi

Zwischen Qrendi und Mqabba tut sich die Erde auf: Die maltesischen Steinbrüche sind ein Ausflugsziel für Schwindelfreie.

Eindrucksvoll ist schon das Bild der unzähligen aufgehäuften Mäuerchen, die das traditionelle Dorf **Mqabba** (*Im'abba*) etwa 2 km nordwestlich von Zurrieq einrahmen. Doch die immensen Ausmaße der größten **Steinbrüche** Maltas am Ortsrand liefern einen noch beeindruckenderen Anblick. Der typische goldgelbe Maltastein, ein weicher Kalkstein, der sich in der Urzeit aus den Schalen winziger Meerestiere der Gattung *Globigerina* aufgebaut hat, wird dort mit einfachen Sägen blockweise aus dem Boden gefräst. Er härtet erst unter Trocknung durch die Sonne aus und ist daher einfach zu skulptieren, verwittert unter schädlichen Umwelteinflüssen aber auch sehr schnell. Dass die Menschen von Mqabba und Qrendi besondere Fähigkeiten in der Steinbearbeitung haben, bezeugen die üppigen Zierskulpturen an den alten und neuen Häusern dieses Gebiets.

Im etwa 2 km südlich gelegenen **Qrendi** (*'rendi*) ist noch einer der zahlreichen Wachtürme erhalten, die bis 1660 von den Johannitern rund um die Insel errichtet wurden. Man erreicht den an der Triq it-Torri gelegenen achteckigen **Cavalier Tower**, der heute in ein Wohnhaus integriert ist, über die zentrale Pjazza Santa Marja und die Triq is-Suq.

Vom Platz aus der Triq il-Parrocca folgend gelangt man zur Kirche *San Mattew* am Ortsausgang; dort führt ein Treppenweg zur etwa 60 m tiefen **Il-Maqluba-Senke** hinab. Am Boden dieses von steilen Felswänden eingefassten Trichters mit fast 100 m Durchmesser, der im 14. Jh. beim Einsturz einer Karsthöhle entstand, hat sich seither eine für Malta seltene üppige Vegetation entwickelt.

15 Hagar Qim und Mnajdra

Große Steinzeittempel in malerischer Lage über der Steilküste.

TOP TIPP

Schon früh haben die ›Stehenden Steine‹, was **Hagar Qim** (*Hadschar 'im*, tgl. 9–17 Uhr, letzter Einlass 16.30 Uhr, www.heritagemalta.org) auf maltesisch bedeutet, die späteren Einwohner Maltas fasziniert. 1647 wurden sie von *Francesco Abela*, einem Chronisten des Johanniterordens, erwähnt. 1839 begann mit den Grabungen auf Veranlassung des britischen Gouverneurs *Sir Henri Bouveri* die Spurensuche nach der Vorgeschichte der Insel.

Heute ist der Tempelkomplex von Hagar Qim unbestritten der schönste Maltas: Völlig einsam liegt er in der stillen Felslandschaft über der südöstlichen Steilküste, stets fächelt vom Libyschen Meer eine sanfte Brise über die in afrikanischer Sonne aufstrahlenden gelben Steine. Zum Schutz vor schädlichen Umwelteinflüssen soll die Anlage ebenso wie jene von Mnajdra mit Zeltkuppeln überdacht werden. Der Baubeginn ist für 2007 geplant.

Hagar Qim muss ein bedeutendes Kultzentrum gewesen sein: Insgesamt sind ein *Priesterhaus* (oder Vorratslager) sowie *drei Tempel* nachgewiesen, von denen nur der mittlere gut erhalten ist. Dieser Haupttempel erscheint im Vergleich zu allen anderen Anlagen ganz einzigartig, da er aus sechs Sälen besteht, die von einer gemeinsamen Mauer eingefasst werden. Der Komplex entstand am Ende der ›Ggantija-Phase‹ um 3200 v. Chr. und wurde bis zum Untergang der Tempelkultur benutzt.

Vom **Eingang** aus, wo die Tickets (auch für Mnajdra) zu lösen sind, geht man zunächst am **Priesterhaus [1]** vorbei zur Fassade des Haupttempels. Der **Vorhof [2]**, ausgelegt mit Plattensteinen und mit einem großen Anbindestein für die Opfertiere versehen, gilt als der größte aller maltesischen Tempel. An der Fassade kann man das typische Bauprinzip der Megalithtempel besonders gut erkennen: Sie besteht aus hochkant gestellten großen Platten (Orthostaten), über welchen waagerechte Lagen aus Quaderblöcken aufgeschichtet wurden. Weiter links blickt man auf die **Stehenden Steine**, die hier schon seit Jahrtausenden in den Himmel ragen. Die ursprüngliche Höhe der *Frontmauer* mit umlaufendem Bankaltar dürfte etwa 8 m betragen haben.

Zwei Orthostatenpaare mit einem einzigen Deckstein bilden den **Haupteingang [3]**. Dahinter folgt ein weiteres Plattenpaar, das Auskerbungen für Verschlussbalken besitzt. Den nächsten **Hof [4]** fassen beidseitig gut erhaltene Fenstersteine ein, die in je eine Raumbucht geleiten. Die niedrigen Blockaltäre sowie der *Hagar-Qim-Altar* mit Reliefs farnähnlicher Pflanzen in Blumentöpfen an den Seiten (Kopie) zeigen, dass schon dieser Hof Sakralcharakter besaß. In der Nische hinter diesem Altar wurden zahlreiche *Votiv-Figurinen* der Magna Mater sowie die *Venus von Malta* entdeckt, die sich heute im National Museum of Archaeology in Valletta [s. S. 21] befinden.

Der folgende Hof ist ein besonders **langer Quertrakt [5]**. Geradeaus liegt der **Nordwesteingang [6]**, rechts befindet sich eine Raumbucht, deren Wand eine kleine Öffnung zu einer nur von außen zugänglichen **Orakelkammer [7]** aufweist. Durch dieses Orakelloch sollen die Priester oder Priesterinnen zu den Gläubigen gesprochen haben – fast fühlt man sich an einen Beichtstuhl erinnert.

Links vom Nordwesteingang (heute ist dieser ganze Trakt abgesperrt) fallen zwei hüfthohe ›Pilzaltäre‹ auf, die zum Darbieten von Opfergaben dienten. In der Wand gegenüber sind zwei übermannshohe Steinregale untergebracht, sog. *Trilith-Nischen*. Rechts daneben geht es in einen **Kultsaal [8]** auf erhöhtem Niveau, der als einziger Raum dieser Anlage nicht von außen zugänglich war. Seine Kultnische mit einem Fensterstein weist nach Südosten, auch dies ist von keinem zweiten Tempel bekannt. Der angrenzende **ovale Quertrakt [9]** besaß ursprünglich nur einen Eingang in der Außenmauer. Diesem ungewöhnlichen Aufbau entspricht auch der im Uhrzeigersinn folgende **Kultsaal [10]**, in den man ebenfalls nur durch einen Eingang in der Umfassungsmauer gelangen konnte. Diese zahlreichen von außen zugänglichen kultischen Bereiche, die von den anderen Sälen abgetrennt sind, legen den Gedanken an ein Zentralheiligtum nahe, das von verschiedenen

Hagar Qim

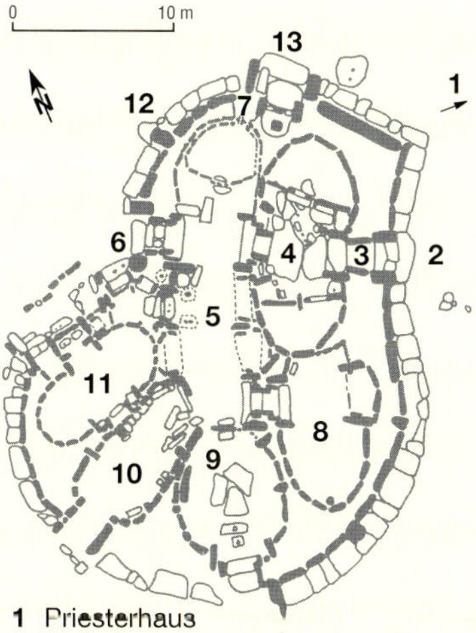

1 Priesterhaus
2 Vorhof
3 Haupteingang
4 Hof
5 langer Quertrakt
6 Nordwesteingang
7 Orakelkammer
8 Kultsaal
9 ovaler Quertrakt
10 Kultsaal
11 Kultsaal
12 Monolith
13 Kultkammer in der Außenmauer

Lebensbaum oder farnähnliches Gewächs? Die Bedeutung der floralen Verzierung des Hagar-Qim-Altars und der Spiralmuster des Blockaltars ist noch immer ein Rätsel

Gemeinden (oder Stämmen) besucht wurde, denen jeweils eine bestimmte Kultstätte zugeordnet war (also ganz ähnlich wie man es heute in der Grabeskirche in Jerusalem handhabt). Links neben dem Nordwesteingang **[6]** sieht man einen weiteren separaten **Kultsaal [11]**, rechts steht der mit 7m höchste in Hagar Qim verwendete **Monolith [12]**. Zusammen mit einem vergleichbaren Stein in der gegenüber liegenden Seite der Umfassungsmauer bildet er fast genau die Nord-Süd-Achse der Anlage.

Vorbei an der erwähnten Orakelkammer **[7]** gelangt man zu einer weiteren **Kultkammer in der Außenmauer [13]** mit einer Steinsäule und einem zweiten, sich nach unten verjüngenden Stein davor. Sie werden mitunter als Symbole für Phallus und Schamdreieck interpretiert. Gleich daneben ragt der größte **Monolith** aller maltesischen Tempel empor: Der über 6m lange, über 3m hohe und etwa 60cm breite Stein mag annähernd 60t wiegen.

Die Tempel von **Mnajdra** (*Imnaidra*) liegen einige Hundert Meter entfernt etwas tiefer auf dem Geröllplateau über der Steilküste. Der kurze Weg von Hagar Qim hierher lohnt, denn der Westtempel zählt zu den schönsten und am besten erhaltenen Megalithbauten Maltas.

Die **Anlage** besteht aus zwei Tempeln, die jeweils von einer eigenen Umfassungsmauer umgeben sind, jedoch eine gemeinsame Fassade besitzen. Ein weiterer kleinerer Bau im Osten ist zwar als Tempel rekonstruiert, jedoch handelte es sich mit hoher Wahrscheinlichkeit um ein einzeln stehendes Priestergebäude, ähnlich wie in Hagar Qim. Der Baubeginn des älteren **Westtempels** datiert ins Ende der Ggantija-Phase (um 3200 v. Chr.). Seine Fassade, die nicht aus Globigerinenkalk, sondern aus härterem Korallenkalk besteht, ist gut erhalten. Ein *Trilith-Durchgang* führt in den *ersten Kultraum*, auf dessen linker Seite sich die prunkvollste Trilith-Nische Maltas befindet. Zwei große Orthostatenplatten stehen zu beiden Seiten eines Fenstersteins, der sich zu einem Altarraum mit drei Doppeltrilith-Altären öffnet, die vermutlich der Lagerung von Opfergaben dienten. Alle Steine dieses Ensembles sind vollständig mit Lochbohrungen verziert. Auf der rechten Seite erstaunt die eindrucksvolle *Mauerkonstruktion*. An zwei Stellen wird diese Innenwand von Orakellöchern durchbrochen. Eine Treppe führt in einen Raum zwischen Innen- und Außenmauer, durch den diese Orakellöcher zugängig waren. Der Trakt hinter dem *großen Saal* ist relativ flach, die rechte Apsis leer, der Hauptaltar in der Mitte eher schlicht im Vergleich zu der aufwendigen Sakralnische mit den Punktbohrungen, die von hier über einen beidseitig benutzbaren Doppeltrilith-Altar zugänglich war. Die Achsenverschiebung der kultisch sicherlich wichtigsten Nische erklären neuere Hypothesen mit ihrer Funktion als Kalendarium. Zu den Äquinoktien (Tagundnachtgleiche) sollen die ersten Sonnenstrahlen durch den nach Osten gerichteten Eingang auf die punktdekorierten Platten fallen.

Bei dem aus der Tarxien-Phase (ab 2800 v. Chr.) stammenden **Nordtempel** ist die einstige Gestaltung der *Fassade* aufgrund einer fragwürdigen Rekonstruktion der Terrasse kaum noch zu erschließen. Während ihre vordere Bruchsteinpartie sicherlich aus neuerer Zeit stammt, sind vor den Nischen im Boden verankerte Megalithen zu erkennen, die der Archäologe Evans als Basis einer Monumentalfassade interpretierte. Ungewöhnlich ist auch der *Eingang*, der von einem übergroßen Fensterstein gebildet wird. Die zweite Öffnung links daneben könnte eine ursprünglich von der Fassade verdeckte Trilith-Nische darstellen.

Gut erhalten, wenn auch weniger beeindruckend als im älteren Westtempel, ist das aus hochgestellten Steinplatten bestehende Mauerwerk im Inneren der beiden *Säle*. Die Zentralnische des hinteren Saals wird von einem *Trilith-Altar* gebildet. Links führt ein sorgfältig bearbeiteter Fensterstein, gerahmt von einem Trilithen und einem Orthostatenpaar, in eine *Kultnische* mit einem Säulenaltar. In der rechten Apsis ist die Verwitterung aufgrund von Luftverschmutzung und saurem Regen dramatisch fortgeschritten, die Platten drohen fast gänzlich zu verwittern.

16 Santa Marija ta' Bir Miftuh

Kirchlein aus siculo-normannischer Zeit.

Bei der Rückfahrt über Kirkop biegt man am Kreisel hinter dem Flughafentunnel rechts ab zur Kirche Santa Marija ta' Bir Miftuh (Maria bei den offenen Brunnen), die nach einer alten Zisternen- oder Katakombenanlage in den Feldern etwa 400 m nördlich benannt ist. Der schlichte viereckige Bau ist ein typisches Beispiel der mittelalterlichen Pfarrkirchen Maltas. Sie wurde im 18. Jh. durch die heutige Kirche in Gudja abgelöst, doch ehrt das Dorf sie jedes Jahr durch eine **Prozession** am Osterdonnerstag.

Dem Muster der siculo-normannischen Architektur entsprechen die Portale der Fassade, die von einem kleinen Glockentürmchen mit Globus und Kreuz bekrönt wird. Im **Inneren** sind *Fresken* des 15. Jh. erhalten, die Szenen des Jüngsten Gerichts und Heilige zeigen.

Faszinierend: die Tempelstätte von Mnajdra zählt zu den schönsten Megalithbauten Maltas

Zentral-Malta – aus dem Trubel in die Stille

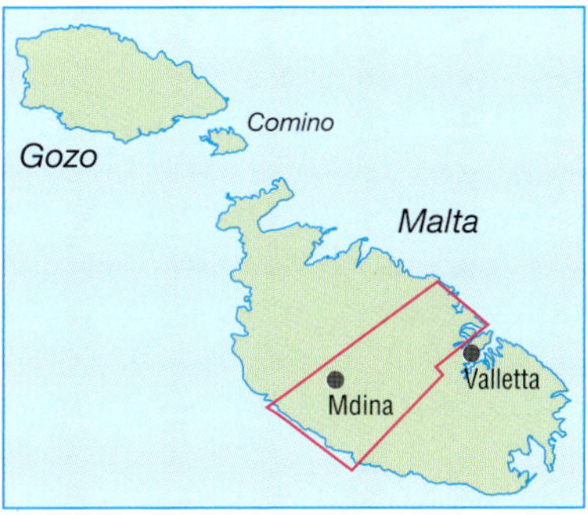

Zwei ganz unterschiedliche Gesichter prägen den mittleren Teil der Insel Malta, sowohl landschaftlich als auch was die Bevölkerungsdichte angeht. Das Hügelland, das von Norden her sanft ansteigt, geht im Süden über eine deutliche Bruchstufe in das *Hochland* rund um die alte Inselhauptstadt **Mdina** über, wo bis zu 280 m über dem Meer erreicht werden. Hier finden sich weite unfruchtbare Geröllflächen. Dagegen ist die *Tiefebene* ein Gebiet aus Globigerinenkalk [s. S. 64] und fruchtbarer, zumal das Hochland eine Art natürlichen Wasserturm darstellt. Zwischen Mdina und dem Siedlungsgürtel um Valletta erstrecken sich daher große Felder, die zudem weniger von den sonst üblichen Steinmauern zerschnitten sind als im übrigen Malta. Noch krasser sind die Unterschiede in siedlungsstruktureller Hinsicht. An der Nordküste, von den Toren Vallettas bis hin nach **San Giljan** (St. Julians), breitet sich ein fast unüberschaubares Häusermeer aus; hier grenzen dicht bevölkerte Orte so eng aneinander, dass die meisten Fremden rasch jede Orientierung verlieren. Erst hinter **Birkirkara** und den *Three Villages*, wie die Malteser die miteinander verschmolzenen Dörfer **Attard**, **Lija** und **Balzan** zu nennen pflegen, wird es ruhiger.

17 Sliema und der Marsamxett-Hafen

Heimliche Hauptstadt und Touristenzentrum.

Jenseits des Marsamxett-Hafens, immer in Sichtweite der mächtigen Mauern von Valletta, beginnt mit dem Jachthafen von *Msida* und dem kosmopolitischen *Sliema* – mit Pieta, Gzira und Msida die größte Agglomeration Maltas – das bedeutendste touristische Zentrum der Insel. Obwohl die Hotelhochhäuser keine Idylle aufkommen lassen, ist die Stadt doch von gewissem Reiz. So turbulent die seeseitige ›Fassade‹ der Stadt auf den ersten Blick auch scheint, in den Vierteln auf dem Hügel ›zwischen den Meeren‹ ist Sliema noch ein typisch maltesischer Ort mit erstaunlich ruhigen, pittoresken Gassen und hübschen traditionellen Häusern.

◁ *Oft liegt die Würze im Detail, und davon hat Mdina viel*

Geschichte Wenig mehr als 100 Jahre alt ist Sliema: Die erste Pfarrei, **Stella Maris**, wurde 1878 gegründet. Unter Großmeister Lascaris entstand 1643 auf dem heutigen Manoel Island im *Marsamxetto* ein Quarantänehospital. Das **Lazzaretto**, in dem die Mannschaften der Schiffe aus dem Orient für 40 (franz.: *quarante*) Tage in strenger Isolation gehalten wurden, um die Übertragung der Pest zu verhindern, übernahm diesen Service bald auch für sizilianische und italienische Häfen. Das trug zwar stark zum Aufschwung Vallettas zur Handelsstadt bei, weniger aber zur Entwicklung der Marsamxett-Region. Erst Ende des 19. Jh. wurde dieses Gebiet als Wohnviertel der Kolonialbeamten und der neuen anglophilen Mittelschichten beliebt. So entstanden entlang der Küstenlinie die hübschen, im englischen Kolonialstil errichteten Häuserzeilen, die heute allerdings schon fast gänzlich durch moderne Hotelbauten ersetzt sind.

Msida und Ta'Xbiex

Von Valletta aus erreicht man zuerst den *Pietà Creek* mit dem Hafen der großen

Sicher vor Anker – bei Sonnenuntergang sind Ausflugsboote, Segeljachten und Fischerboote im Hafen von Msida gut vertäut. Vom Trubel des Tages ist nichts mehr spürbar

Gozo-Fähre; dahinter schließt sich **Msida** (*Imsida*) an, heute die ›Universitätsstadt‹ Maltas. Am Msida Creek erstreckt sich der große Jachthafen vor der markanten Pfarrkirche *St. Joseph*, die im 19. Jh. entstand. Rechts der Straße Richtung Birkirkara liegt das, was vom historischen Msida blieb, der ersten Siedlung an dieser Küste seit dem 16. Jh.: die alte Pfarrkirche *Immakulata*, die über einer uralten Höhlenkirche errichtet ist, und das Waschhaus *Ghajn Tal-Hasselin*. Dessen Arkaden, an die früher einmal die Meeresbrandung schlug, bevor die innere Bucht mit dem Weltkriegsschutt aufgefüllt wurde, reichen heute tief unter das Straßenniveau.

Geht man am nördlichen Kai weiter Richtung **Ta'Xbiex** (*Ta-schbiesch*), einem Villenviertel, in dem zum Meer hin noch einige schöne alte Villen erhalten sind, kommt man am Ende des Msida Creek zu einem auf Land gesetzten Dreimastschoner, der früher einmal das Filmset für den ›Roten Korsaren‹ mit Errol Flynn war und mittlerweile zu einem Restaurant (s. u.) umgebaut wurde.

Gzira und Sliema

Und schon, man hat es kaum bemerkt, ist man in **Gzira** (*Gisira*). Dieser Ort, zu deutsch ›Insel‹, hat seinen Namen von dem nun zur Halbinsel gewordenen flachen Felsrücken, den Großmeister *Vilhena* 1726 mit einem Sternfort befestigen ließ, dem er seinen Vornamen gab. **Fort Manoel** war allerdings ebenso wie das Quarantänelazarett im letzten Krieg Ziel heftiger Attacken, da in seinem Schutz im Lazzaretto Creek die britischen U-Boote lagen. Trotz der Schäden betreibt der *Royal Malta Yacht Club* hier ein Café, dessen Terrasse einen schönen Ausblick auf die Mauern Vallettas bietet. 2002 begannen auf Manoel Island (und auch auf der Tigne-Halbinsel gegenüber) die Arbeiten eines umfassenden Revitalisierungsprojekts. Auf der Insel soll ein ›Touristenzentrum‹ entstehen, auf Tigne sind Luxusapartments sowie eine parkähnliche Uferpromenade geplant.

In Gzira beginnt die legendäre Promenadenstraße **The Strand**, maltesisch Ix-Xatt (*Isch-schatt*), die von einer ununterbrochenen Kette von Bars, Souvenirläden, Reisebüros etc. gesäumt ist. Hier liegen auch die Abfahrtstellen der Ausflugsboote von *Captain Morgan Cruises* (www.captainmorgancruises.com.mt, Tel. 23 46 33 33), die neben der empfehlenswerten Hafenrundfahrt als Leckerbissen eine Unterwassersafari im Angebot haben, bei der man aus dem verglasten Bootskiel die Wunderwelt des Meeres beobachten kann.

Jetzt endlich kommt man ins Zentrum von **Sliema**, und das ist ziemlich lang: Es beginnt dort, wo die Triq Manwel Dimech in The Strand mündet, und zieht sich mit der Tower Road (Triq it-Torri) rund um die ganze Halbinsel. Hier reihen sich die großen Hotels, hier geht man Essen, Baden und auch **Shoppen**. Letzteres zum Beispiel im Abschnitt der *Tower Road* zwischen den beiden Küsten und den Nebenstraßen: Die besten Boutiquen sind in der *Bisazza Street* rund um das *Plaza Centre* zu finden.

Vom **Baden** darf man allerdings nicht allzuviel erwarten. Zur See hin begleiten breite, sanft gerundete Felsplateaus die Tower Road und Qui-si-Sana Street; Leitern erleichtern den Einstieg ins kühle Nass. Der Lärm der Hauptstraße wirkt hier nicht weiter störend, denn zahlreiche Lidos bieten neben Sonnenliegen und Snacks auch ständige Musikbeschallung.

An Sliemas Geschichte erinnert eher wenig: das **Fortizza**, ein britisches Fort, und der 1658 vom Ritterorden erbaute **St. Julian's Tower** kurz vor der Balluta Bay, aber auch die künstlichen Vertiefungen in den Badeplateaus, die einst als Salinen oder Waschzuber dienten. An exponierter Stelle auf dem Dragut Point ganz im Osten der Halbinsel bauten die Johanniter als Abschluss des Festungsgürtels um die beiden Häfen 1792 das **Fort Tigne**, das nach Abschluss der Bauarbeiten ein Restaurant beherbergen soll.

Wer einmal etwas mehr Ruhe genießen will, sollte sich zu einem Bummel durch die Straßen im Hinterland aufmachen. Etliche Kirchen, fantasievolle Heiligenfiguren, hübsche Häuser im traditionellen Malta-Stil mit wunderbaren Türklopfern sind zwar wenig spektakuläre, dafür aber um so liebenswertere Entdeckungen.

i Praktische Hinweise

Hotels

****__Fortina Spa Resort__, Tigne Sea Front, Sliema, Tel. 23 46 00 00, Fax 23 46 21 62, www.hotelfortina.com. Älteres Stammhaus sowie neues Hochhaus abseits des Durchgangsverkehrs mit grandiosem Blick auf die Mauern Vallettas. Am Meer lädt ein privates Lido zu Badefreuden ein, zudem verwöhnen sechs Restaurants mit Sushi, indischer oder vietnamesischer Küche.

***__Imperial__, 1 Rudolph Str., Sliema, Tel. 21 34 40 93, Fax 21 33 64 71, www.imperialhotelmalta.com. Traditionsreiches Hotel mitten in Sliema; prachtvolle historische Eingangshalle, renovierte Zimmer, Pool, Sonnenterrasse mit wunderbarer Aussicht.

Restaurants

TOP TIPP **Mare Nostrum at Black Pearl**, Ta'Xbiex Seafront, Tel. 21 34 39 70. Ruhiges und sehr stimmungsvol-

Alte und neue Zeiten – moderne Hotelbauten säumen die Küstenlinie Sliemas, doch dahinter gibt es noch die schmalen Gassen der Altstadt zu entdecken

les Restaurant auf dem ›Piratenschiff‹ des Roten Korsaren. Im Sommer an Deck, sonst gemütlich im Laderaum. Aufmerksame Bedienung und gute sardinische Küche, große Weinauswahl.

Il-Galeone, 35 Tigne Seafront, Sliema, Tel. 21316420. Kleines, feines italienisches Restaurant mit nicht ganz alltäglicher Küche in einem alten Stadthaus (So/Mo geschl.).

Ta' Kolina, 151, Triq it-Torri (Tower Road), Ecke Triq Amery, Tel. 21335106. Das erste Restaurant Sliemas, das die maltesische Küche wiederentdeckte und gelungen interpretierte. Hier speist man bei ausgesucht höflichem Service.

Vino Veritas, 59 Adrian Dingli Street, Sliema, Tel. 21324273. Einfaches Lokal mit kleineren Gerichten; sehr persönlich und auch bei Maltesern beliebt.

Cafés

Café Tal Lanca, Tigne Seafront/Ecke Bisazza Street (Cassar & Cooper Gebäude), Sliema, Tel. 21338743. Bei den maltesischen Twens angesagtes Café in sehenswertem Country-Stil.

Guy's Bar Plough 'n Anchor, 1 Main Street/Ecke St. Francis Street, Sliema, Tel. 21334725. Fünf Sorten Bier vom Fass, 400 verschiedene Sorten Spirituosen in einem Seemannsambiente wie aus dem Bilderbuch. Im 1. Stock gibt es *Pub Grub*, einfache, schmackhafte Tellergerichte.

Saturday Night Fever – am Abend erwacht in den Straßen von Paceville bei lautstarker Musikbeschallung und Neonlichtflimmern die Jugend zu neuem Leben

18 San Giljan (St. Julians)

Früher Fischerhafen, heute Mittelpunkt des maltesischen Nachtlebens.

Noch Mitte der 1970er-Jahre war San Giljan (*Dschiljan*) ein malerisches Fischerdorf. Das änderte sich mit der Gründung eines neuen Stadtteils durch einen Geschäftsmann namens Pace. Dieses Touristenviertel, heute Paceville genannt (und italienisch *Paatschevil* gesprochen), ist inzwischen das Zentrum des Nachtlebens auf Malta – selbst aus weit entfernten Dörfern strömen die Jugendlichen am Wochenende in die Diskotheken und Bars. Es gibt aber auch stillere Ecken, vor allem die beiden Buchten der Balluta Bay und der Spinola Bay.

An der **Balluta Bay**, die von der markanten neugotischen *Karmeliterkirche* überragt wird, fließen Sliema und San Giljan zusammen. Hier ist auch eines der typischen, ins Meer gebauten *Schwimmbäder* zu finden, in dem abends der Wasserballclub trainiert. Am Kiosk auf dem Platz vor der prachtvollen *Villa Priula* im viktorianischen Zuckerbäckerstil treffen sich nach Sonnenuntergang die Malteser zum Abendplausch bei Bier, Wein und Snacks – jetzt mit Blick auf die Mammutfassade des Le Meridien-Hotels.

Immer am Wasser entlang führt die Triq Gorg Borg Olivier weiter zur **Spinola Bay**. Zwischen all den neuen Hochhäusern sind nur noch wenige jener schönen Gebäude aus britischer Kolonialzeit erhalten, deren maltesisch-georgianische Architektur die Straße entlang dieser Küste einst zu einer der schönsten Meerespromenaden machte. Spinola Bay, deren Name von dem 1688 erbauten *Palast*

Romantischer Lichterzauber über der Spinola Bay in San Giljan – auf den Terrassen der Cafés und Restaurants direkt an der Bucht bleibt man gerne ein Weilchen sitzen

des Bischofs Spinola abgeleitet ist, war der Kern des Dorfs San Giljan. An alte Zeiten erinnern die Arkaden am Ufer, unter denen die Fischer einst Schutz vor der Sonne fanden und die nun mit Restaurants wie dem Dolce Vita überbaut sind, aber auch die kleine *Kapelle des hl. Julian* gegenüber. Das turmartige Gebäude der neuen Pfarrkirche (1968) mit eingeschriebenem Neonkreuz setzt auffällige Akzente in das Stadtbild.

Hinter dem ehrwürdigen Spinola-Palast ragt das erste wirkliche Hochhaus Maltas empor, der 2001 fertig gestellte *Portomaso Tower*, eine gut bewachte Apartmentanlage der Luxusklasse. Beim Bau des Nobelhotels unterhalb des Portomaso wurde keine Mühe gescheut, sogar ein ganzer Hafen für die Jacht-Marina ist ausgebaggert worden.

An der hügelaufwärts führenden *St. George's Road* finden Nachtschwärmer die bestbesuchten Diskotheken und Bars von Malta. Damit ist man schon im Ortsteil **Paceville**, dessen Straßen an Wochenendabenden kaum die vergnügungsfreudige Menge fassen können. An der *Dragonara Junction* schließlich kann man unter dem grell-bunten Lichterspiel der Neonreklamen zu den aktuellen Hits bereits auf der Straße mitwippen.

Wer etwas Ruhe finden will, kann ins **Casino Barrière St. Julians** (Mo–Do 10–6, Fr–So 0–24 Uhr) des *Dragonara Palace* flüchten, dessen Einsätze niedrig sind und das auch ein gutes Restaurant sein eigen nennt.

Badegelegenheiten gibt es an der Küste vor St. Gilijan fast nicht. Ein Tipp für kleine und große Wasserratten ist die Badeanlage von **Bahar Ic-Caghaq** (*Bahar itsch-aa'*) mit einer langen Wasserrutsche und einem Delphinarium, etwa 5 km weiter an der Nordküste Richtung Bugibba.

i Praktische Hinweise

Information

Tourist Information Centre, Spinola Palace, San Giljan, Tel. 21 38 13 92, Mo–Fr 8.30–17 Uhr

Nachtleben

Axis, St. George's Road, Paceville, San Giljan, Tel. 21 38 68 48. Beliebte Diskothek, vor allem Fr und Sa erschweren lange Warteschlangen den Eintritt.

Eden Century, St. Augustine Street, San Giljan, Tel. 21 37 64 01. Modernes Kino-Center mit den aktuellsten Filmen (in Englisch). Angeschlossen sind eine Bowling-Bahn, eine Eislaufbahn sowie ein IMAX-Kino.

Hotels

*******Hilton**, Portomaso, San Giljan, Tel. 21 38 33 83, Fax 21 38 63 86, www.hilton.com. Im Hotel gibt es drei Restaurants, darunter der Blue Elephant mit der

Bunte Balkonkaskaden sind eine besondere Zier der Häuserfronten Maltas

Maltesische Stadtarchitektur

Die Einförmigkeit der maltesischen Städte mit ihren mehr oder weniger identischen Häusern ist ein britisches Erbe: Die neuen Kolonialherren übertrugen im 19. Jh. die strikten Bauvorschriften des **georgianischen Architekturideals** auf Malta. Traufhöhe, Zweistöckigkeit, Flachdach, Parzellenzuschnitt, Innenhof, Anzahl und Rhythmus der Fenster und Balkone, Straßenbreite – alles war nach einem Idealbild geregelt, das den britischen Beamten als passend für ein mediterranes Land erschien. Dabei wurden natürlich landestypische Entwicklungen aufgegriffen. Über Flachdächer etwa wurde schon seit mehr als Tausend Jahren Regenwasser in Zisternen geleitet, ebenso alt ist das Modell des Innenhofhauses. Der Ursprung der typischen **Balkone** hingegen, deren kräftige bunte Farben allen maltesischen Orten den typischen Charakter geben, ist nicht völlig geklärt. Möglich, dass sie zur Zeit der Johanniter nach kleinasiatisch-türkischen Vorbildern auf die Inseln kamen, wahrscheinlich aber erst unter den Briten, die zur Verbesserung der Wohnungssituation in größerem Umfang das notwendige Holz importierten.

Das anglo-maltesische Architekturmodell, das inzwischen zur Postkartenidylle wurde, ist heute allerdings bedroht. Begehrt sind moderne Häuser im **italienischen Villenstil**, und so bauen alle, die es sich leisten können, am Rand der alten Ortskerne, um die sich daher ein stetig wachsender Ring von neuen Vierteln legt. Da staatliche Steuerung unterbleibt, wird dies zunehmend ein Problem: Nach offiziellen Zahlen ist das bebaute Areal der Insel in den letzten 30 Jahren von 6% auf knapp 17% der Gesamtfläche gestiegen, zugleich stehen etwa 20% der Altbausubstanz leer.

besten Thai-Küche Maltas und der ebenso empfehlenswerten Bottega del Vino.

*******San Gorg Corinthia**, St.George's Bay, San Giljan, Tel. 21374114, Fax 21374039, www.corinthia.com. Luxushotel mit großem Restaurant, Badeterrasse und zwei Pools.

*****Hotel Valentina**, Paceville, Dobbie Street, San Giljan, Tel. 21382232, Fax 21382407, www.hotelvalentina.com. Komfortables Mittelklassehotel in einem in traditionellen Stil gehaltenenen Neubau. Geschmackvoll im Country-Stil eingerichtete Zimmer mit Aircondition, freundlicher, familiärer Service. Relativ ruhig, aber in der Nähe der Vergnügungsmeile.

Restaurants

TOP TIPP **Barracuda**, 194 Main St., San Giljan, Tel. 21331817. Sehr stilvolles Restaurant in einem der ältesten Häuser der Balluta Bay am Meer, italienisch-maltesische Küche. Die Pizzeria Piccolo Padre im Untergeschoss ist günstiger und bietet die gleiche Aussicht (Winter So geschl.).

TOP TIPP **Blue Elephant**, Portomaso, San Giljan, Tel. 21383383. In edel-exotischem Rahmen mit Palmen und Wasserspielen wird königliche Thai-Küche zelebriert. Gilt als romantischstes Lokal Maltas.

Bouzouki, Spinola Rd., San Giljan, Tel. 21387127. Griechisches Restaurant am Kai der Bucht (Mo–Sa ab 19 Uhr).

TOP TIPP **Peppino's**, 31 St. George's Road, Spinola Bay, St. Giljan, Tel. 21373200. Restaurant und Weinbar in einem restaurierten Traditionshaus. Exzellente Küche, in der Bar unten bekommt man Tellergerichte und den Wein auch glasweise (So geschl.).

Cafés

TOP TIPP **Dolce Vita**, 159 St. George's Rd., Spinola Bay, St. Giljan, Tel. 21337806. Seit drei Jahrzehnten beliebtes Café und Restaurant mit schönem Blick über die Bucht von der zweistöckigen Terrasse und rustikaler Steinarchitektur im Innern.

Hard Rock Café, Bay Street Complex, Triq Santu Wistin, St. Giljan, Tel. 23722253. Im Bay Street Shopping Centre, wo man neben Boutiquen auch etliche schicke Lokale im Trenddesign-Stil versammelt hat, serviert das Hard Rock Café Tex-Mex-US-Küche – wie bekannt.

19 Birkirkara

Maltesisches Alltagsleben im Schatten einer wunderbaren Barockkirche.

Birkirkara (auch B'kara geschrieben) ist nicht nur mit knapp 20000 Einwohnern die größte Gemeinde Maltas, sondern auch Synonym für schlicht undurchschaubare Straßenführung und ein furchtbares Verkehrschaos. Durch die Stadt und ihren Vorort Santa Venera verläuft ein Großteil des Durchgangsverkehrs in den Norden – wer hier einmal im Stau gestanden hat, weiß, was die nach letzten Schätzungen 250000 zugelassenen Autos für Malta bedeuten, das damit eine höhere Verkehrsdichte als Deutschland hat.

Entweder von Sliema über den Msida Highway oder von Valletta über Hamrun Richtung Rabat erreicht man als erste Station **Santa Venera**, das man gut erkennt, weil dort der erhaltene Rest des **Wignacourt-Aquädukts** beginnt. Diese oberirdische Wasserleitung erinnert an die Römer, tatsächlich jedoch wurde sie 1610 unter Großmeister Alof de Wignacourt gebaut, um Wasser von den Quellen des Mdina-Plateaus nach Valletta zu bringen. Einige Schritte zurück Richtung Hauptstadt liegt links an der Straße die **Casa Leone**, das Landhaus des Großmeisters Manoel de Vilhena (1722–36). Der nach palladianischem Muster errichtete Palast erhielt seinen Namen wegen der Löwenfiguren am Eingang. Dahinter erstreckt sich der **Gnien Romeo Romano**, ein Garten im Stil jener Zeit mit geometrisch angelegten Wegen, kleinen Teichen und Brunnen.

Nach B'kara bzw. zu dessen alter Pfarrkirche fährt man nun am besten dem Wignacourt-Aquädukt folgend Richtung Mdina, biegt bei der Firma Toledo rechts ab und hält dann sofort wieder nach rechts. Die Kirche **Santa Marija** entstand Anfang des 17. Jh. noch im Stil der Spätrenaissance. *Tumas Dingli* entwarf die streng symmetrische Fassade, die durch die feine, meisterhafte Skulpturarbeit der Portalzone besticht.

Links hinter dem Bau liegt der **Old Railway Station Garden**, zwar keine herausragende Sehenswürdigkeit, aber doch eine Erinnerung an Maltas Eisenbahn des ausgehenden 19. Jh., die über die Triq Ferovija nach Mdina führte. Den Mittelpunkt dieses kleinen Stadtparks bildet der ehemalige Bahnhof.

B'karas zur Rush Hour stets verstopfte Durchgangsstraße Triq il-Wied verläuft 100 m weiter nördlich. An der kleinen Kirche *St. Paul's* lässt man das Auto am besten stehen, um zu Fuß auf die Triq il-Kbira, die Hauptstraße der **Altstadt** zu kommen. Hier sind die Gassen plötzlich wieder still. Am Ende erhebt sich die TOP TIPP wunderbare Barockkirche **St. Helena** über die traditionellen Häuser. *Domenico Cachia*, der auch für die Auberge de Castille in Valletta verantwort-

Wenn die hl. Helena in Birkirkara ihren großen Festtag feiert, ist jeder dabei

Bunte Lichtbestrahlung bei Nacht verleiht der Kathedrale von Mdina magischen Glanz ▷

lich zeichnete, schuf sie zwischen 1735 und 1745. Die *Fassade*, etwas erhöht auf einer weit geschwungenen Plattform, ist in den ersten beiden Geschossen dem strengen Kathedralbau in Mdina nachempfunden, die Giebelzone dagegen erblüht im üppigen hochbarocken Stil.

20 Balzan, Lija und Attard

Süditalienisches Flair und ein historischer Palast.

Die drei kleinen Orte Balzan, Lija und Attard werden auf Malta in Anlehnung an die Three Cities [s. S. 49] auch unter dem Begriff die ›Drei Dörfer‹ zusammengefasst. Balzan, das für seine prachtvollen Villen des ausgehenden 19. Jh. bekannt ist, folgt direkt hinter Birkirkara. Zunächst fährt man am besten auf der Hauptstraße Richtung Mosta am Ort vorbei, bis am folgenden Kreisel eine im Juni wunderschön blühende Oleanderallee links auf die *Pfarrkirche* von **Lija** zuhält. Das 1710 der Verklärung Christi (Transfiguration) geweihte Gotteshaus, ein Werk von *Giovanni Barbara*, wird nicht von Heiligen, sondern von zwei spitzen Pyramiden flankiert. Die Gemeinde dieser Kirche steht in dem Ruf, das aufwendigste *Festa-Feuerwerk* Maltas zu veranstalten. Am **Lija-Tower**, einem früheren Gartenpavillon auf halber Strecke, geht es rechts zur ehemaligen Pfarrkirche **San Salvatur** aus dem 16. Jh. Das Portal des südlichen Querschiffs gilt als das beste Werk der Renaissance der Insel.

Ein Blick über die Schulter der Phoenician Glass Blowers im Ta'Qali Crafts Village

Vor der Transfigurations-Kirche von Lija biegt man links ab zum San Anton's Palace. Auf der Fahrt lohnt aber noch der ausgeschilderte Abstecher in den Ortskern von **Balzan** mit der großen Pfarrkirche **Annunziata**, die sehr effektvoll von vier strahlend weißen Heiligenfiguren gesäumt wird und aus dem späten 17. Jh. stammt. An der Kirche vorbei gelangt man zur *Triq Tliet Knejjes*, wo sich um ein mittelalterliches Steinkreuz drei kleine Kapellen scharen. Außer der des Pestheiligen **San Rocco** von 1593 sind sie allerdings inzwischen säkularisiert.

Von hier ist es nicht weit zum **San Anton's Garden**, den großen Park des 1623 von Großmeister *Antoine de Paule* errichteten Landsitzes San Anton's Palace. Wo einst die Großmeister ihre rauschenden Feste feierten, tagte 1798 die erste maltesische Nationalversammlung, 1802 zogen die britischen Gouverneure in den Palast ein, seit 1974 dient der Bau als Residenz des Präsidenten Maltas. Heute ist der mit tropischen Pflanzen, Springbrunnen und kleinen Seen angelegte Garten ein bei Einheimischen und Urlaubern beliebtes Ausflugsziel. Fährt man an dem Park (und dem splendiden Hotel Corinthia Palace) vorbei weiter geradeaus, kommt man in den alten Ortskern von **Attard**. Die Pfarrkirche **Santa Marija**, 1613 von *Tumas Dingli* erbaut, besitzt das schönste Kirchenportal Maltas mit seinem feingliedrigen Skulpturenschmuck.

Nach etwa 3 km in Richtung Mdina ist das **Ta' Qali Crafts Village** (Mo–Fr 9.30–16.30, Sa bis 13 Uhr) ausgeschildert. Dort sind in den alten Baracken des ehemaligen Militärflughafens zahlreiche Souvenirläden untergebracht. Besuchen kann man auch die Firmen *Mdina Glass*, *Mtarfa Glass* und *Phoenician Glass Blowers* mit Werksverkauf sowie zahlreiche *Filigranschmuckhersteller*. Darüber hinaus gibt es eine bei maltesischen Kindern beliebte *Dinosaurier-Show*. Die Geschichte des Militärflughafens und der Fliegerei auf Malta dokumentiert das **Malta Aviation Museum** (tgl. 9–17 Uhr, www.maltaaviationmuseum.com) mit verschiedenen Flugzeugen, besonders aus der Zeit des Zweiten Weltkrieges. Auch das nationale Fußball-Stadion liegt auf diesem Gelände.

i Praktische Hinweise

Hotel

TOP TIPP *******Corinthia Palace**, De Paule Avenue, Attard, Tel. 21 44 03 01, Fax 21 46 57 13, www.corinthia.com. Sehr schöne und gepflegte Luxusanlage, teils in einem alten Palast aus britischer Zeit, teils in modernem Anbau. Viele Sport- und vor allem Wellnessangebote, seinen besonderen Reiz gewinnt das Hotel aber durch seine ruhige Lage und den wunderbaren Garten.

Restaurant

Melita, Triq Birbal, neben St. Anton's Garden, Balzan, Tel. 21 47 06 63. Café und Restaurant in einem Palast beim Parkeingang. Tagsüber werden im Garten kleinere Imbisse gereicht, abends öffnet das Restaurant, ein beliebter Treffpunkt der besseren Gesellschaft Maltas (Do geschl.).

21 Mdina

Plan Seite 78

Die alte Hauptstadt Maltas.

Im Gegensatz zur Planstadt Valletta ist Mdina (*Imdina*) mit seinen schmalen Gassen und seiner vollständig erhaltenen historischen Bebauung ein Ort, in dem man sich noch wie im Mittelalter wähnen kann.

Geschichte Schon unter den Römern war das damalige **Melita**, das auch einen Teil des Nachbarstädtchens *Rabat* umfasste, Hauptstadt der Insel. In byzantinischer Zeit wurde die antike Stadt geteilt und das von drei Seiten durch Felsabbrüche geschützte Areal des heutigen Mdina zur Festung ausgebaut. Der jetzige Name datiert bis in die arabische Epoche zurück: Mdina bedeutet wörtlich ›Ort der Religion‹, d.h. der Gerichtsbarkeit.

Nach der Eroberung Maltas durch die Normannen war Mdina ab 1140 Sitz des *Consiglio Populare*, ab 1397 der *Universitá*, beides Selbstverwaltungsgremien des maltesischen Adels, dem es im 14. Jh. mehrfach gelang, sich als Krondomäne direkt dem König zu unterstellen.

1427 verlieh König Alfonso V. von Aragón der Stadt den Titel **Citta Notabile** und band Malta als ›ewiges‹ Lehen an die Krone. Diese Ewigkeit dauerte jedoch nur bis 1530, als Malta an den Johanniterorden fiel – nun verlor die alte Hauptstadt rasch an Bedeutung, auch wenn jeder Großmeister schwören musste, die Rechte der Universitá zu wahren. Größere bauliche Veränderungen erlebte Mdina noch einmal nach dem großen **Erdbeben** von 1693, das auch die alte Bischofskirche zerstörte. Unter britischer Herrschaft wurde die Universitá aufgelöst, Mdina entwickelte sich zur ›Stillen Stadt‹. Heute leben hier kaum mehr als 500 Einwohner – die meisten stammen aus uralten Adelsfamilien, die nach wie vor ihre Traditionen pflegen und auf ihren Privilegien beharren.

Besichtigung Ein Rundgang durch Mdina, der nicht nur durch das grandiose Ensemble, sondern auch durch die vielen kleinen Details wie Türklopfer oder Fensterformen zum Erlebnis wird, beginnt am Platz **Saqqajja** 1 am Belle-Vue-Pavillon, von dem man einen schönen Ausblick auf Maltas Osten genießt. Von hier geht man durch ein Gartenareal mit Orangenbäumen zum **Mdina Gate** 2, dem heutigen Haupttor, das Großmeister *Manoel de Vilhena* 1724 errichten ließ. Das prachtvolle barocke Bauwerk ist mit dem Wappen des Großmeisters und seinem heraldischen Tier, dem Löwen, geschmückt.

Hinter dem Mdina Gate links steht der **Torre dello Standardo** 3, ein Wachturm aus dem 16. Jh., der heute als Polizeistation dient. Rechts des Tors liegt der **Palazzo Vilhena** 4. Er war früher Sitz der Università von Mdina und wurde 1732 für den Großmeister, dessen Bronzebüste das Hauptportal ziert, im hochbarocken Stil zur Sommerresidenz umgebaut. Der weitläufige Palast, der dreiflügelig einen Ehrenhof umschließt, beherbergt heute das **National Museum of Natural History** (tgl. 9–17 Uhr, letzter Einlass 16.30 Uhr, www.heritagemalta.org) mit einer naturhistorischen Sammlung von Fossilien, ausgestopften Tieren und präparierten Pflanzen.

Rechts vom Hofportal befindet sich der Eingang zu den **Mdina Dungeons** 5 (tgl. 9.30–17.30 Uhr, www.dungeons

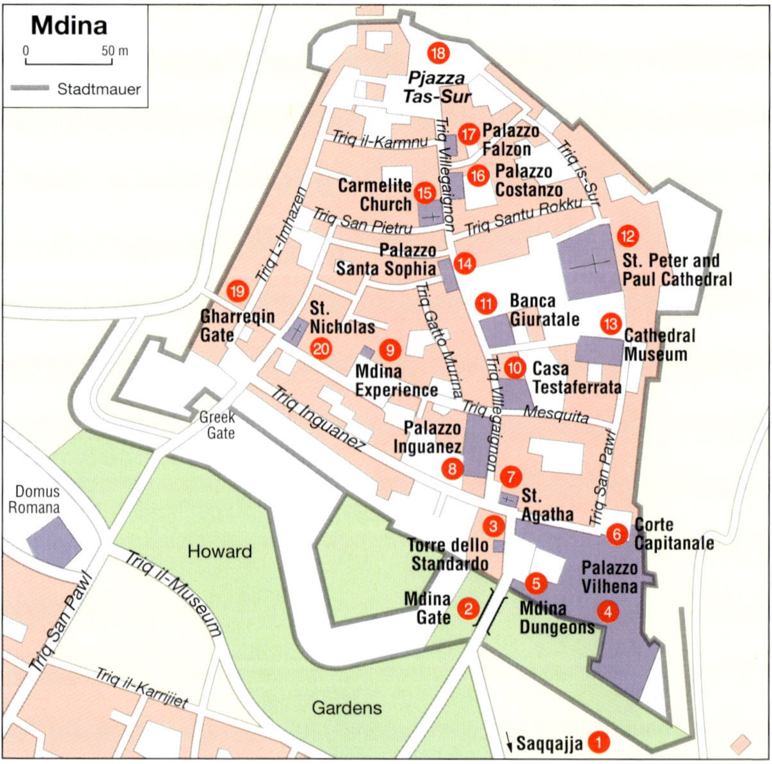

Palazzo Vilhena – wo einst die Universitá von Mdina ihren Sitz hatte und später Großmeister Vilhena residierte, sind nun die Schätze des Natural History Museum zu bewundern

malta.com), einer mittelalterlichen Folterkammer, in der lebensgroße Puppen die wenig zimperlichen Gefängnissitten dieser dunklen Zeit demonstrieren.

Rückwärtig schließt der **Corte Capitanale** 6, der ehemalige Gerichtshof, an den Vilhena-Palast an. Das Gebäude wurde im Jahr 1798 Schauplatz eines revolutionären Mordes: Als Reaktion auf die Plünderung des Karmeliterklosters wurde hier der Kommandant der französischen Garnison ohne lange Verhandlungen vom Balkon gestürzt.

An der 1417 geweihten Kapelle **St. Agatha** 7, der Schutzheiligen von Mdina [s. S. 83], beginnt die quer durch die Stadt verlaufende **Triq Villegaignon**, die Hauptstraße Mdinas.

Der große **Palazzo Inguanez** 8 gegenüber gehört einer der bedeutendsten Adelsfamilien Maltas, denen Alfonso V., König von Aragón und Sizilien, 1447 die erbliche Statthalterschaft über die Insel verlieh. Damit verknüpft ist das noch immer gültige Recht der spanischen Könige, in diesem Palast zu wohnen.

Einige Schritte weiter führt ein Abstecher nach links in die schmale Triq Mesquita, wo in einem Adelspalast aus dem 15. Jh. die Multivisionsshow **Mdina Experience** 9 (Mo–Fr 10.30–16, Sa 10.30–14 Uhr) untergebracht ist. Unter dem Motto einer Reise durch die Tragödien und Triumphe der Stadt wird hier mehrsprachig ein Überblick über die Geschichte der einstigen Inselkapitale geboten.

Das etwas breitere Stück der Triq Villegaignon bis zur Pjazza San Pawl säumen rechts Gebäude, die während des Bauprogramms Anfang des 17. Jh. entstanden, etwa die **Casa Testaferrata** 10 und die **Banca Giuratale** 11, der Sitz der Universitá. Sie soll bis 2008 renoviert werden.

Die Pjazza San Pawl dominiert die strahlende Fassade der **St. Peter and Paul Cathedral** 12 (außer zu Messen Mo–Sa 9.30–11.45 und 14–17, So 15–16.30 Uhr, Eingang von der rechten Seite). Der maltesische Baumeister *Lorenzo Gafà* errichtete die heutige frühbarocke Bischofskirche bis 1702, nachdem der im siculo-normannischen Stil entstandene Vorgängerbau aus dem 12. Jh. während des Erdbebens 1693 eingestürzt war. Im **Inneren** ähnelt die Kathedrale der Johanneskirche in Valletta [s. S. 22], auch hier ist der *Boden* mit Grabplatten in Steinmosaik bedeckt. Sie wurden allerdings erst seit dem 19. Jh. geschaffen. Das *Portal* der Sakristei, in der dritten Kapelle links, ist das Eingangstor der alten Kirche. Es besteht aus irischer Mooreiche – wurde also unter den Normannen importiert – und zeigt Motive der nordischen Romanik. Am Pfeiler gegenüber ist Bischof *Francesco Caruana*, dem Anführer der Revolte von 1798, ein Denkmal gewidmet. Der **Chor**, ein Neubau aus der Zeit vor dem Beben, bewahrt

1001 Lampion, das Mnarja-Fest

Mit unzähligen Lichtern geschmückt erstrahlt die alte Hauptstadt Mdina und ihre Kathedrale **St. Peter und Paul**, zu deren Ehren heute am 29. Juni das große Mnarja-Fest begangen wird. Bereits am Nachmittag erreichen die Feierlichkeiten mit dem traditionellen **Pferde- und Eselsrennen** auf dem Saqqaja-Hügel von Rabat einen Höhepunkt. Doch auch am Abend darf niemand fehlen, wenn unter den Orangenbäumen von **Buskett Gardens** [s. S. 85] nach einem Picknick aus gebratenen Kaninchen, süßen Köstlichkeiten und Wein die Folkloremusiker in Wettstreit treten.

Die **Ursprünge** des Mnarja-Festes liegen weit zurück. Schon vor der Ankunft der Johanniter wurde dieser Tag als Erntedankfest gefeiert. Vielleicht ist die Sitte, Straßen, Kirche und Gärten mit Lampions und Laternen zu schmücken, aus Sizilien übernommen worden – sie war jedenfalls Vorbild für die dörfliche **Festa** zu Ehren der Patronatsheiligen, die sich erst seit Mitte des 19. Jh. in ganz Malta verbreitete. Wie wichtig den Maltesern dieses Fest ist, beweisen alte Eheverträge, die der Braut das Recht garantierten, jedes Jahr zum Mnarja-Fest geführt zu werden.

das älteste Fresko der Kirche, das von *Mattia Preti* stammt und eine Szene des Schiffbruchs des Apostels Paulus [s. S. 91] zeigt. Links daneben sind in der **Sakramentskapelle** eine *Marienikone* im spätbyzantinischen Stil sowie ein *Silbertabernakel* des 16. Jh. zu bewundern, das dem berühmten Florentiner Bildhauer *Benvenuto Cellini* zugeschrieben wird.

Rechts neben der Kirche flankieren Atlantenfiguren das beeindruckende Portal des **Cathedral Museum** 13 (Mo–Fr 9.30–16.30, Sa bis 15.30 Uhr). Neben Architekturfragmenten, Münzen und Gemälden präsentiert es ein kostbares *Evangelium-Manuskript* aus dem 11. Jh. und einen *faltbaren Altar* mit byzantinischen Miniaturen, vor dem früher die Messe auf den Ordensgaleeren gelesen wurde. Ein ungewöhnliches Kleinod sind auch die Holzschnitte und Kupferstiche, die von *Albrecht Dürer* und seinen Schülern gefertigt wurden. 20 Tafeln aus einem Vorabdruck des ›Marienlebens‹ und 34 nur teils originale Tafeln der ›Kleinen Passion‹ stammen von dem Meister selbst.

TOP TIPP

Weiter der Triq Villegaignon folgend passiert man den **Palazzo Santa Sophia** 14 im siculo-normannischen Stil, dessen Erdgeschoss vermutlich die älteste noch erhaltene Bausubstanz in Mdina darstellt.

Die Plünderung der **Carmelite Church** 15 nebenan löste 1798 die Revolte der Malteser gegen die Franzosen aus – wer weiß, ob Malta je britisch geworden wäre, hätten sich diese in Religionsfragen ähnlich klug verhalten wie die Briten. Im *Inneren* ist der 1680 fertig gestellte Bau prachtvoll gestaltet, um die zentrale Ellipse reihen sich mit roten Pilastern abgesetzte Kapellen, ornamentierte Spiralsäulen säumen die Altäre.

Schräg gegenüber ist im **Palazzo Costanzo** 16 (tgl. 10–18 Uhr, Tel. 21 45 46 25) die *Medieval Times Show* zu sehen, die mit lebensgroßen Puppen das städtische Leben im Mittelalter nachstellt. Im Erdgeschoss bietet das *Restaurant Palazzo Notabile* schmackhafte maltesische Spezialitäten.

Der nur wenige Schritte entfernte **Palazzo Falzon** 17 (wegen Restaurierung bis Ende 2006 geschl., Tel. 21 24 47 77, www.patrimonju.org.mt) stammt von 1495 und ist der besterhaltene Bau aus siculo-normannischer Zeit in Mdina. Das ›Norman House‹ mit seinem hübschen Innenhof entstand als Residenz des aragonesischen Admirals Falzon und diente 1530–34 als erster Sitz des Großmeisters der Johanniter. Heute ist hier ein Privatmuseum eingerichtet, in dem Gemälde,

Altem Handwerk auf die Finger geschaut – Medieval Times Show im Palazzo Costanzo

Ein unvergleichliches Panorama, exquisites Gebäck und britischen Tee genießt man im Fontanella Tea Garden an der Pjazza Tas-Sur auf der Stadtmauer Mdinas

Waffen und Möbel vom 16. bis 18. Jh. zu sehen sind.

TOP TIPP Die hübscheste Ecke der Stadt ist die **Pjazza Tas-Sur** 18 (früher Bastion Square) am Ende der Straße. Souvenirläden in alten Stadthäusern rahmen den Platz, von der Stadtmauer öffnet sich eine wunderbare *Aussicht*: Ganz links auf dem Hügel liegen die ehemaligen britischen Kasernen von Mtarfa mit dem markanten Uhrturm, in der Mitte erhebt sich die Kuppel der Rotunda von Mosta, und weiter rechts ist die Kuppel der Karmeliterkirche Vallettas zu erkennen. Dazwischen breitet sich ein Felderteppich aus, in dem das Rot der Erde und das Grün der Feigenkakteen akzentuiert wird durch blass-weiße Häuserquader.

TOP TIPP Als Rastplatz sind hier das **Café Ciappetti** und das **Fontanella Restaurant** mit Mittagstisch und reicher Kuchenauswahl empfehlenswert (Juni–Aug. auch Abends, sonst bis 19 Uhr geöffnet), beide auf den Bastionen.

Von der Pjazza Tas-Sur lohnt es sich, durch die Triq L-Imhazen (früher Magazine Street) zurückzugehen – durch den ruhigsten Teil der ›stillen Stadt‹ mit vielen typischen Architekturdetails. Am **Gharreqin Gate** 19, das um 1890 entstand, blickt man hinunter zu dem im Tal gelegenen Bahnhof der früheren Eisenbahn Maltas, in dem heute das Restaurant *Stazzjon* [s.S. 84] eingerichtet ist.

Die nahe gelegene Kapelle **St. Nicholas** 20 war der religiöse Mittelpunkt des einstigen Griechenviertels, dessen Ursprünge wohl bis in byzantinische Zeit zurückreichen. Durch das benachbarte **Greeks' Gate** führt die Triq L-Gharreqin weiter zum Domus Romana in Rabat.

i Praktische Hinweise

Restaurants

Bacchus, 1 Triq Inguanez, Mdina, Tel. 21 45 49 81. Französisch inspirierte Küche in stilvollen Räumen in den alten Kasematten auf der Bastion, mit Terrasse.

Il-Veduta, Saqqajja, Mdina, Tel. 21 45 46 66. Familiäres, relativ preiswertes Lokal mit schönen Panoramaterrassen. Pizza, Pasta und Grillgerichte, beliebt bei maltesischen Familien.

Medina, 7 Triq Is-Salib Imqaddes, Mdina, Tel. 21 45 40 04. Kleines romantisches Restaurant in den Räumen eines alten Stadtpalastes, internationale Küche (nur Abends).

22 Rabat

Wallfahrtsziel über frühchristlichen Katakomben.

Die Nachbarstadt Mdinas ist ein lebendiger, aber doch noch ganz traditioneller Ort mit vielen Geschäften, einem täglichen *Gemüsemarkt* auf der Pjazza San Pawl, Werkstätten und Bars. Das **Domus Romana** (tgl. 9–17, letzter Einlass 16.30

Das Domus Romana wurden im Stil einer palladianischen Villa über den Ruinen eines Hauses aus römischer Zeit erbaut

Uhr, www.heritagemalta.org), zu dem man von Mdinas Greeks' Gate [s.o.] gelangt, ist ein Neubau über der Ausgrabung einer **römischen Villa**. Von dem luxuriösen Atriumhaus blieben die Fundamente und Böden des Empfangsraums (Vestibulum), des Speiseraums (Triclinium) und des offenen Säulenhofs (Peristyl) erhalten, letzterer ist mit einigen Originalsäulen rekonstruiert worden. Ein Blickfang sind die gut erhaltenen **Mosaikenböden** dieser drei Räume. Die schönsten Motive sind im Peristyl zu sehen, etwa die beiden als Bilder gerahmten Porträts an der hinteren Wand, die eine männliche und eine weibliche Gestalt aus der antiken Mythenwelt darstellen. Darüber hinaus werden Objekte aus der spät-punischen und römischen Zeit präsentiert, in einem Nebenraum auch Funde von einem arabischen Friedhof des 9.–11. Jh., die bei den Grabungen dicht neben der Villa zutage kamen.

Die *Triq San Pawl* führt vom Museum direkt ins Zentrum, zur **St. Paul's Church**, vor der sich eine überdimensionale Statue des Apostels erhebt. Die Kirche hat für Malta besondere Bedeutung, weil sie über der berühmten Paulus-Grotte steht, in der man den Heiligen nach seinem Schiffbruch auf Malta der Legende zufolge gefangen hielt. Die breite **Fassade** nach einem Entwurf von *Francesco Buonamici* ist tatsächlich eine Art potemkinsche Kulisse, die den Komplex zusammenfasst. Während das Mittelportal in einen Sakralbau des 17. Jh. führt, das linke zum Friedhof, verbarg sich hinter dem rechten Portal die älteste Kirche an dieser Stelle, die schon im 14. Jh. als ›St. Paulus vor den Mauern‹ erwähnt wurde. Im frühen 18. Jh. wurde dieses Gotteshaus allerdings durch einen Neubau ersetzt und dem hl. Publius, dem ersten Bischof Maltas, geweiht. In der **Publius-Kapelle** (Mo–Sa 9–12 und 13– 17 Uhr) über der heiligen Grotte wird eine *Reliquie* des Apostels verwahrt. Als Behältnis dafür dient ein aus Gold gefertigter Arm, der sich hinter einem Gitter in einer Nische befindet. Von hier gelangt man direkt ins Hauptschiff der St. Paul's Church, wo das *Altarbild* mit einer Szene des berühmten ›Schlangenwunders‹ [s. S. 91] beeindruckt. Die **St. Pauls-Grotte**, die heutige Krypta, enthält eine Alabaster-Statue des Apostels und verschiedene großmeisterliche und päpstliche Weihegaben. Gegenüber St. Paul's zeigt das **Wignacourt Museum** (Mo–Sa 10–15 Uhr) Liturgiegeräte und andere Kunstwerke aus dem Bestand der Kirche. Im Untergeschoss kann man einen Teil der Katakomben besichtigen, die im Zweiten Weltkrieg zu Luftschutzbunkern umfunktioniert wurden.

Südwestlich der Kirche, die übrigens genau auf dem Graben der antiken Stadtmauer steht, setzt sich das weit verzweigte *Katakombensystem* mit Gräbern, die hauptsächlich in der frühchristlichen

Von den Korsaren zerstört – zumeist gesichtslos zeigen sich heute die lebensgroß gemalten Heiligenbilder in der Höhlenkirche der St. Agatha's Catacomb's in Rabat

Epoche entstanden sind, teils aber auch in punischer und römischer Zeit angelegt wurden fort. Vom Platz vor der Kirche führt die Triq Sant' Agata zu den **St. Paul's Catacombs** (tgl. 9–17 Uhr, letzter Einlass 16.30 Uhr, www.heritagemalta.org), der größten unterirdischen Grabanlage Rabats. Von der Haupthalle neben einer etwas tiefer gelegenen Kapelle erschließen verschiedene Gänge die zahlreichen Galerien, in deren Wände die Bestattungsplätze gehauen sind. Neben einfachen *Loculi-Gräbern* für Kinder, mit einem Stein verschließbare Wandnischen, sind vor allem viele *Baldachin-Gräber* zu sehen, die aus bis zu vier flachen ebenfalls verschließbaren Grabwannen bestehen, über denen sich der Fels wie ein Baldachin bogenförmig wölbt. Weniger häufig und wahrscheinlich den Reicheren vorbehalten sind die *Satteldach-Gräber*, die wie richtige kleine Totenhäuser aus dem Fels gemeißelt wurden.

Wegen der zahlreich erhaltenen Fresken noch interessanter sind die **St. Agatha's Catacomb's** (Mo–Fr 9–17, Sa 9–13 Uhr, Sommer 9–12, Sa 9–13 Uhr) ein Stück weiter außerhalb. Auf den Besuch der Katakomben kann man sich in in einem kleinen *Museum* einstimmen, anschließend öffnet der Wächter die Türen zur Unterwelt. Die ältesten Fresken der **Höhlenkirche** aus dem 4. Jh. stammen aus dem 5. Jh. (links unten beim Eingang). Drei der fast lebensgroßen Heiligenbilder in by-

Agathas Standhaftigkeit

An ihre im Namen Gottes erlittenen Qualen erinnern noch heute viele Bilder, auf denen die Jungfrau aus Catania die ihr abgeschnittenen Brüste in einer Schale vor sich hält. Mit ihrem Martyrium widersetzte sich die hl. Agatha dem Wunsch des heidnischen Quintianus, Landpfleger von Sizilien, von ihrem Glauben abzulassen und ihn zum Mann zu nehmen. Einer Legende zufolge floh sie zunächst nach Malta und verbarg sich in den Katakomben Rabats vor ihren Verfolgern. Um das Jahr 249 jedoch kehrte sie in ihre Heimatstadt zurück, um Quintianus durch alle Foltern hindurch die Stirn zu bieten. Weder das Abtrennen ihrer Brüste, noch der Gang über Glut und Scherben konnten die Standhaftigkeit der ›Magd Christi‹ erschüttern. Sogar der Lavastrom des kurz nach ihrem Märtyrertod ausgebrochenen Ätna soll vor ihrem Sarkophag zum Stillstand gekommen sein.

zantinischem Stil werden in das 12. Jh. datiert, die anderen entstanden 1480 und zeigen vor allem Szenen aus der Geschichte der hl. Agatha. Vermutlich der Zerstörungswut türkischer Korsaren bei deren Angriff von 1551 fielen leider die Gesichter der meisten Figuren zum Opfer. In den Gräbergalerien erkennt man vielfach noch schlichte *antike Malereien* mit typisch frühchristlichen Symbolen wie Taube, Pfau oder Palmblatt. Daneben sind auch *jüdische Gräber* mit Darstellungen der Menora und des siebenarmigen Leuchters sowie zwei *spätpunische Bestattungsplätze* nachgewiesen. Als frühester christlicher Sakralraum Maltas gilt eine aus dem 2. Jh. stammende Kammer mit einem Agape-Tisch und einer Altarnische.

Auf dem Rückweg lohnt noch ein Bummel durch die **Triq il-Kbir** (Main Street) und ihre Seitengassen mit kleinen Läden, skurrilen Bars und hübschen Balkonhäusern. Hier ist – vor allem morgens und nach 16 Uhr – noch ganz traditionelles maltesisches Alltagsleben zu entdecken.

i Praktische Hinweise

Restaurants

L'Isle-Adam Band Club, Triq San Pawl/ Ecke Triq San Guzepp, Rabat. In dieser einfachen Bar eines Band Clubs von Rabat ist man ganz unter Einheimischen. Zum Bier werden hier meist noch nach alter Sitte kleine Snacks serviert.

Stazzjon, Triq L-Imtarfa, Rabat, Tel. 21451717. Etwas ausgefallene angenehme Atmosphäre in den Warteräumen des alten Bahnhofs. Gute italienische Gerichte (nur am Wochenende).

The Grotto Tavern, Pjazza San Pawl, Rabat, Tel. 21455138. Kellerlokal am Hauptplatz, nun unter Leitung eines maltesisch-schweizerischen Paares. Sehr hübsch dekoriert, innovative Küche, auch Raclette (So und Mo abend geschl.).

23 Verdala Palace, Buskett Gardens, Clapham Junction und Dingli Cliffs

Spektakulärer Steilabfall über 200 m, doch vorher rätselt man auf kargem Hochplateau über merkwürdige Schleifspuren aus der Bronzezeit.

Von Rabat sind es nur gute 4 km zu den Dingli Cliffs, und diesen Abstecher sollte man sich auch dann nicht entgehen lassen, wenn man ohne Auto unterwegs ist. Vorbei am Dominikanerkloster und dem Abzweig zum Hotel Verdala verlässt man Rabat. Schon bald liegt der turmähnliche **Verdala Palace** am Horizont. Er entstand um 1586 unter Großmeister Loubenx de Verdalle und dient heute als Privatwohnung des Staatspräsidenten.

Die nächste Station, die **Buskett Gardens**, werden seit über 20 Jahren beharr-

Clapham Junction – Verkehrsknotenpunkt der Frühzeit. Die tief in den Fels gegrabenen Schleifspuren, die überall auf Malta zu finden sind, treten hier besonders deutlich zutage

Der von großen Orangenbäumen umgebene Verdala Palace, der als großmeisterliche Sommerresidenz entstand, ist heute die prachtvolle Wohnstatt des Staatspräsidenten

lich als ›größtes Wäldchen Maltas‹ bezeichnet – was zwar stimmt, aber dennoch ein ziemlicher Euphemismus ist. Immerhin bietet das schüttere Astwerk der mächtigen Kiefern, einiger Steineichen und jüngerer Zitrusbäume dem Park, sonntags ein beliebter *Picknicktreff* maltesischer Familien, etwas Schatten. Entstanden ist der *Boscetto* auf Geheiß der Großmeister, die ihren Palast im 18. Jh. mit einer ›französischen‹ Gartenanlage in der Mode der damaligen Zeit ausgestattet wissen wollten. Dass sich hier vor 250 Jahren die Führungsspitze des Ordens verlustierte, mag man nun jedoch kaum mehr glauben – jahrzehntelange Vernachlässigung hinterließ ihre Spuren. Allerdings sind die Gärten jährlich zu St. Peter und Paul am 29. Juni Schauplatz des eindrucksvollen Lichterfestes *Mnarja*, der traditionell wichtigsten Feierlichkeit Maltas [s. S. 80].

Hinter den Buskett Gardens liegen die ›Cart ruts‹ von **Clapham Junction**, das beste Beispiel der geheimnisvollen *Schleifspuren* Maltas. Nirgendwo sonst auf der Insel kann man diese in den felsigen Untergrund ›gefrästen‹ Rillen so deutlich und so dicht nebeneinander sehen. Den Namen erhielt der Platz, weil sie die Briten an das dichte Netz der Gleise auf ihrem Londoner Vorortbahnhof erinnerte. Statt geradeaus zu den Dingli Cliffs hält man sich links nach *Girgenti* und biegt bei einer Steinaufschüttung rechts in einen Fußpfad ab, der direkt vor den Schleifspuren endet. Da die ›Cart ruts‹ fast immer als Doppelspur mit rund 1 m Abstand zu finden sind, scheint es höchst plausibel, dass sie als **Wegrinnen** von einfachen Schleifkarren mit Steinkufen entstanden sind. Wie der Archäologe *John D. Evans* nachgewiesen hat, werden die Spuren von punischen Schachtgräbern unterbrochen, müssen also älter als diese sein. Da sie andererseits vor den Siedlungen des bronzezeitlichen 2. Jtd. v. Chr. (etwa bei Borg in-Nadur) besonders dicht auftreten, sollen sie ein Relikt des damaligen Warenverkehrs sein.

Von der Kreuzung hinter den Buskett Gardens ist es gerade noch 1 km zu den **Dingli Cliffs**, auf denen ein Observatorium und die Madalena-Kapelle thronen. Windumfächelt genießt man die Aussicht über das Meer und eine Stille, die auf Malta selten geworden ist. Das Hochland bricht hier steil zum Meer hin ab – dies ist das Reich der Blaumerle (*Monticola solidarius*), die in Felsen nistet. Die Malteser haben diesen blau gefiederten Vogel, den sie *Merill* nennen, zusammen mit der *Daghijsa* [s. S. 55] und dem Johannisbrotbaum zum Nationalsymbol erklärt.

Hoffentlich schwindelfrei und standfest? – Die atemberaubende Steilküste der Dingli Cliffs bricht hier gut 200 m senkrecht zum Meer hin ab

24 Ghar Lapsi und Siggiewi

Eine Piratenbucht wie aus dem Bilderbuch und eine interessante Barockkirche.

Von den Dingli Cliffs fährt man am *Inquisitor's Palace* (nicht zu besichtigen) vorbei durch das Wied Girgenti Richtung Siggiewi, biegt vor dem Ort aber nach **Ghar Lapsi** ab. Der Ursprung des Namens, zu deutsch ›Höhle der Himmelfahrt‹, ist ungeklärt, früher fand hier an Christi Himmelfahrt das Fest der Wasserweihe statt, ein frühchristlicher Brauch, der heute nur noch von den orthodoxen Kirchen gepflegt wird. So wie diese kleine Fischerbucht kann man sich einen Piratenunterschlupf vorstellen: hohe Felsen zur Landseite, eine schmale Ausfahrt zum Meer, in den Felsen gehöhlte Unterstände für Boote. Obwohl es keinen Strand gibt, verlockt das klare Wasser nicht nur die *Taucher*, die hier einen guten Einstieg in Maltas Unterwasserwelt finden. Snacks servieren *Carmen's Bar* in einer der Felshöhlen und das einfache Restaurant *Lapsi View*. Nach Süden hin erhebt sich das zerklüftete Felsenriff **Filfla** aus dem Meer, einstmals die Übungsschießscheibe der britischen Marine. Seit 1988 steht das Eiland mit seinen Vogelkolonien und der endemischen Eidechsenart *Lacerta filfloensis* unter Naturschutz. Auf dem Rückweg fährt man an der ersten *Meerwasserentsalzungsanlage* Maltas vorbei, die 1982 ihren Betrieb aufnahm. Von Ghar Lapsi führt übrigens ein nicht ganz einfacher Fußweg über etwa 1 km zu den Tempeln von Hagar Qim und Mnajdra [s. S. 64], über die Asphaltstraße sind es rund 3 km.

Ein Stopp in **Siggiewi** (*Sidschiewi*) macht mit der vielleicht noch traditionellsten maltesischen Stadt bekannt. Den riesigen Hauptplatz überragt die imposante Kirche **St. Nicholas**, die in einem einzigartigen Stilmix gehalten ist. Der Bau mit der hohen Kuppel und den Westtürmen ist ein Werk des Barockbaumeisters *Lorenzo Gafà*, auch das Innere entspricht ganz barockem Formempfinden. Im 19. Jh. wurde davor eine neue *Fassade* mit Vorhalle gesetzt, deren dorische Säulen dem Baukasten der Neoklassik entstammen, während der Giebelbau an die florentinische Renaissance erinnert. Etwas außerhalb ist unter dem Namen **Limestone Heritage** (Mo–Fr 9–15, Sa 9–12 Uhr, www.limestoneheritage.com) ein alter Steinbruch zu besichtigen, in dem die Techniken des Steinschneidens und verschiedene typische Malta-Bauten dargestellt werden.

25 Zebbug und Qormi

Zwei typisch maltesische Landstädtchen.

Auch **Zebbug** (*Sebudsch*), 3 km nördlich Richtung Valletta, hat wie Zabbar einen Triumphbogen zu Ehren des Großmeisters, der dem Dorf Stadtrechte verlieh: der *Rohan Arch* am Ortsausgang Richtung Qormi erinnert an *Emmanuel de Rohan-Polduc*, der 1775–97 regierte. Die Stadt ist Geburtsort einiger berühmter Malteser wie Bischof *Caruana* [s. S. 79], *Antonio Sciortino* [s. S. 34] und *Dun Karm Psaila*, dem Nationaldichter, von dem der Text der Hymne Maltas stammt.

Die Kirche **St. Philipp** entstand 1599 als Werk von *Vittorio Cassar*, dem Sohn des berühmten Gerolamo. Ihr Inneres ist überaus prachtvoll ausgestaltet, die *Prozessionsfigur* etwa ist aus massivem Silber. Die **Festa** dieser Gemeinde wurde bekannt für ihr Feuerwerk auf rotierenden Scheiben an hohen Pfählen; zudem gibt es zwei *Band Clubs*, sodass nicht nur am Samstag, sondern auch schon am Freitag gefeiert wird.

Mit **Qormi** (*'ormi*), das aus zwei Gemeinden besteht, beginnt dann wieder das urbane Malta. Der hoch gelegene neuere Stadtteil *St. Sebastian* ist an der riesigen Kuppel der modernen Kirche von 1982 schon von weitem zu erkennen. Der Ortsteil *St. George* unten im Tal war die Keimzelle der Stadt und existierte schon vor 1436, damals aber als ›Hafenstadt‹. Noch zur Zeit der Großen Belagerung war die Ebene von Marsa im Nordosten ein Sumpfgebiet – die an ihren Ausläufern lagernden Türken bekamen die schwächende Wirkung der Malaria wohl zu spüren.

Bereits 1456 entstand die Renaissancekirche **San Gorg** auf dem Hauptplatz von Qormi. Zwei Straßen weiter südlich an der Triq Barakki liegt das schlichte Gebäude des **Palazzo Stagno** von 1589, den ein sehenswertes Ensemble schöner *Balkonhäuser* teils noch aus dem 16. Jh. umgibt. Da auch die beiden Band Clubs der zwei Gemeinden um die schönste **Festa** wetteifern, lohnt sich der Besuch immer, das größte Spektakel ist aber die gemeinsam veranstaltete *Karfreitagsprozession*.

Ghar Lapsi bietet zwar keinen Sandstrand, doch bleibt der Badetrubel nicht aus. Für Schnorchelfans und Taucher ist die Unterwasserwelt rund um die Bucht ideales Revier

Der Nordwesten Maltas – Strandparadiese und Bauernland

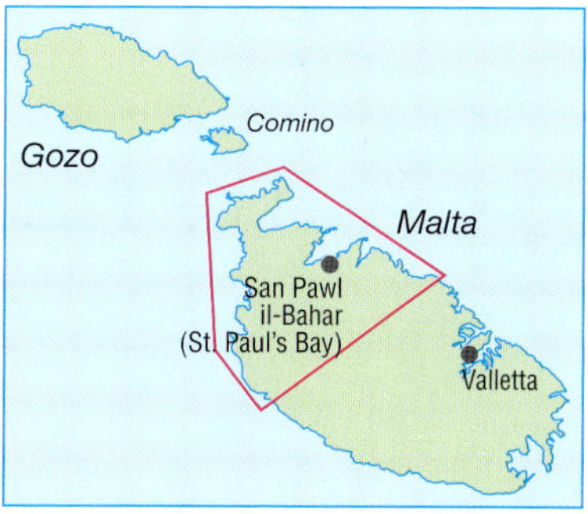

Das zentrale Hügelland Maltas wird durch eine ausgeprägte Bruchstufe nach Nordwesten begrenzt: Die **Great Fault** entspricht in etwa der Linie vom Madliena Tower über **Mosta** bis zur Fomm ir-Rih Bay. Dahinter schließt eine ganz anders geformte Landschaft an. Im Wechsel lösen sich jeweils fünf von Nordost nach Südwest streichende Senken mit parallel verlaufenden Höhenrücken ab. Während an den langen Berghängen vor allem des **Wardija Ridge** und des **Bajda Ridge** Terrassenfeldbau betrieben wird, sind die Agrarflächen in den Talfurchen besonders fruchtbar, weil hier der Grundwasserspiegel leicht für eine künstliche Bewässerung aufzuschließen ist – bis heute gehören **Windgöpelräder** zum Landschaftsbild. Da die Talschnitte sich jeweils in weiten Buchten zum Meer öffnen, liegen in diesem Landesteil auch die schönsten **Strände**.

Doch was den Besucher von heute freut, war im piratengefährdeten Mittelalter ein Fluch: Die Buchten luden Plünderer geradezu zur Landung ein. So wurden zu dieser Zeit alle Siedlungen aus der Antike – vor allem unter den Römern baute man hier Oliven und Weizen an – aufgegeben, die Bevölkerung zog sich hinter die leichter zu verteidigende Great Fault zurück. Ihre Rolle als Abwehrwall spielte diese Höhenlinie, die die Briten Mitte des 19. Jh. mit den Forts und Geschützstellungen der **Victoria Lines** sicherten, bis zum Zweiten Weltkrieg, als hier zusätzliche Betonunterstände angelegt wurden. Sieht man von der ›Touristenstadt‹ **Bugibba** einmal ab, ist die Bevölkerungsdichte im Nordwesten Maltas noch immer relativ gering.

26 Naxxar

Die ›Messestadt‹ Maltas.

Naxxar ist die erste größere Station auf einer Tour, die dem Verlauf der Victoria Lines folgt. Von Sliema/San Giljan geht es auf der Küstenstraße nach Nordwesten. Wenn die Bebauung spärlicher geworden ist, fährt man links (beim zweiten Ortsschild) nach **Madliena**, heute das vornehmste Wohnviertel Maltas, das nach dem *Fort Madliena* (Sa 14.30, 15.30 Uhr, Führungen) auf einem Felssporn über dem Meer und dem Tiefland benannt ist. Am Ende des schroffen Wieds liegt das beschauliche Dorf **Gharghur** (*Aar-uur*) mit schönen alten Steinhäusern aus dem 16./17. Jh. und einer barocken Kirche, die 1638 als Werk von *Tumas Dingli* geweiht wurde.

Knapp 1 km weiter kommt man nach **Naxxar** (*Naschschar*), wo in der ersten Julihälfte die *Internationale Handelsmesse* von Malta stattfindet. Der Ort wurde schon 1436 als Pfarre erwähnt – damals gehörte auch Mosta noch zu Naxxar – und ist damit einer der ältesten Maltas. Die Pfarrkirche *Mariä Geburt* beweist einmal mehr die Vorliebe der Malteser für riesige Gotteshäuser: Dem kleineren Bau aus dem Jahr 1616 (eventuell von Vittorio Cassar) wurde 1912 die großartige Fassade wie eine Kulisse vorgesetzt. Der prachtvolle *Palazzo Parisio* (Mo–Fr 9–16 Uhr, letzter Einlass 15 Uhr, www.palazzoparisio.com) gegenüber stammt aus dem Jahr 1733. Seit 1898 gehört er der Familie Sciluna, die ihn luxuriös ausstatten ließ. Neben den herrlichen Räumen ist vor allem der Garten ein Augenschmaus.

◁ *Die Nordküste – Bauernland, weite Buchten und Wachtürme der Ritterzeit*

Im Ortsteil **San Pawl tat-Targa** (*Tattardscha*), etwas weiter zur Bruchstufe hin, blicken zwei Festungstürme hinüber zur Salina Bay. Der *Torri tal-Kaptan*, ein Wohnturm nördlich der Straße, und der *Torri Gauci* hinter dem erst im 17. Jh. errichteten Kirchlein entstanden kurz vor der Großen Belagerung von 1565 als Ausguck gegen Piraten. Vom hübschen Kirchplatz schaut eine Paulus-Statue gen Maltas Norden und erinnert an die Legende, wie der Apostel von hier predigte, dass man es bis nach Gozo hörte. Dieser Überlieferung verdankt der Ort auch seinen Namen: ›St. Paulus auf der Treppe‹.

27 Mosta

Die drittgrößte Kuppelkirche Europas.

Am Kreisel unterhalb von San Pawl Tat-Targa fährt man links an den Victoria Lines entlang. Nach einer weiten Linkskurve mit Blick auf das *Mosta Fort* (nicht zu besichtigen) und einen Steinbruch überquert rechts eine Brücke das schroff eingeschnittene **Wied tal-Isperanza**, dessen Flanken von zahlreichen Höhlen mit bronzezeitlichen Gräbern, Lagergebäuden und sogar einer dem Apostel Paulus geweihten Kirche wie zerlöchert sind.

Auf der Hauptstraße geht es ins Zentrum von **Mosta**, dessen Name von arabisch *Musta* (Mitte) abgeleitet ist. Das Städtchen, wie Birkirkara [s. S. 75] vom Durchgangsverkehr in den Nordwesten arg in Mitleidenschaft gezogen, macht vor allem durch seine imposante

TOP TIPP

Pfarrkirche von sich reden. Die **Rotunda Santa Marija Assunta** (Mo–Sa 9–12 und 15–17, So 15–16 Uhr) krönt nach dem Petersdom in Rom und der Londoner St. Paul's Kirche Europas drittgrößte *Kuppel* – jedenfalls wenn man den Durchmesser als Vergleichsmaßstab zugrunde legt. Die mächtige Halbschale von 43 m Spannweite bildet einen weithin sichtbaren Blickpunkt zwischen Mdina und Valletta. Erbaut wurde die Rotunda, eine Kopie des römischen Pantheon (nur die beiden Glockentürme sind eine Ergänzung), ab 1833 nach Plänen des Architekten *George Grongnet de Vasse*, der aus einer nach dem Camisarden-Krieg nach Malta geflohenen Hugenotten-Familie stammte. Das Erstaunlichste aber ist ihre *Entstehung* als eigenhändiges Werk der Dorfbewohner, die für diese Arbeit knapp

◁ *Unter der riesigen Kuppel der Rotunda Santa Marija Assunta von Mosta werden die Gläubigen stets an die Größe Gottes und ihr eigenes Maß erinnert*

30 Jahre brauchten. Bemerkenswert ist auch die Stabilität des Bauwerks, dessen Gewölbe aus maltesischem Kalkstein so konstruiert ist, dass sich die einzelnen Steine zwischen den Widerlagern verspannen und auf diese Weise ihr Gewicht selbst tragen. So hielt die Kirche, die in der Anflugschneise des damaligen Militärflughafens Ta' Qali lag, sogar drei Fliegerbomben stand, die im Zweiten Weltkrieg während der Messe auf sie trafen: Einer dieser Sprengkörper ist heute in der **Sakristei** zu besichtigen und wird zur *Festa* an Mariä Himmelfahrt am 15. August ausgestellt.

Wenn man von der Kirche Richtung Mgarr geht, erreicht man hinter der *City Kafe Bar*, einer rustikalen Bierschwemme im Pubstil, die rechts abzweigende Triq Isperanza, die zur Kapelle **Tal-Isperanza** über einer Felsgrotte im Talgrund des gleichnamigen Wieds führt. Nach der *Legende* soll hier ein Mädchen durch die Gottesmutter vor plündernden Türken gerettet worden sein, weil diese eine Spinne schickte, die ein riesiges Netz vor dem Eingang wob. Auf der Durchgangsstraße fährt man dann durch das *Targa Gap* mit schönem Panorama in die Ebene hinunter und weiter nach Bugibba.

28 St. Paul's Bay

Wo der Apostel Paulus strandete, tummeln sich heute Urlauberscharen.

Mit seinen Satellitenstädten Bugibba (*Budschiba*) und Qawra (*'aura*) ist der Ort **San Pawl il-Bahar** (St. Paul's Bay) heute die größte Touristen-Urbanisation Maltas. Rund um den kleinen Fischerhafen von San Pawl ziehen sich die Hotelbauten an der Küste entlang und über die ganze Halbinsel zwischen der St. Paul's Bay und der Salina Bay.

Bugibba ist das Zentrum dieser Urlaubsstadt, die im Sommer oft bis zu 15 000 Feriengäste anzieht. Entlang der Küstenzeile reihen sich Hotels, Restau-

Die Landung des Paulus

Viele Legenden ranken sich um den hl. Paulus, der für Maltas Geschichte eine so tiefe Bedeutung hat. Am bekanntesten jedoch sind die Überlieferung seines **Schiffbruchs** und des **Schlangenwunders**, die der Apostel Lukas in seinem biblischen Bericht ausführlich geschildert hat. Er erzählt, dass das Schiff des Paulus, der ja nach seiner Verhaftung in Jerusalem sein Recht auf einen Prozess vor dem Kaiser geltend gemacht hatte, auf der Fahrt nach Rom in einen Sturm geriet, nach Westen abgetrieben wurde und schließlich an Maltas Küste strandete. Die Inselbewohner, die am Ufer zusammenkamen, entzündeten sogleich ein Feuer, um die Schiffbrüchigen zu wärmen. Als Paulus aber ein Reisigbündel auf das Feuer legte, fuhr daraus eine Otter hervor und biss sich an seiner Hand fest. Die Malteser, die dies als ein Zeichen deuteten, sagten: »Auf jeden Fall ist dieser Mensch ein Mörder, den, obgleich er aus dem Meer gerettet wurde, die Dike (griechische Göttin der Rache) nicht am Leben lassen wollte«. Doch wider Erwarten zeigte der Schlangenbiss keine Wirkung, und dem heiligen Mann geschah nichts. Daher meinten die Leute, er müsse ein Gott sein.

rants, Bars und Souvenirgeschäfte, besonders agil sind hier die Reisebüros, die sogar Touren zur Pferderennbahn anbieten – inklusive Wettgelegenheit. Am *Pjazza tal-Bajjar* (Bay Square), wo der Fremdenverkehr einmal begann, gibt es einen kleinen *Strand*, Lidos und auch ein Kinderkarussell. Sehenswürdigkeiten sind hingegen rar: Reste eines **Megalithtempels** kann man innerhalb der Pool-Anlage des Hotels New Dolmen besichtigen, und an der Spitze der Halbinsel liegt der **Qawra Tower** aus dem frühen 17. Jh., der heute zum Restaurant *Ta' Fra Ben* gehört.

In **San Pawl** lohnt vor allem der kleine Ortskern mit traditionellen Häusern und einem *Fischerhafen* einen Besuch. Eine klassizistische Kirche erinnert dort an die Landung des hl. Paulus, denn hier lag einst der *römische Hafen*, von dem noch Reste der Kaianlagen zu erkennen sind. Der **Torri Wignacourt** (Mo–Sa 9–12 Uhr, Spende erbeten) etwas weiter ist einer der Wachtürme der Ritter, die entlang der Nordküste eine Schutzkette gegen die Piratengefahr bildeten. Er wurde von der Din L-Art Helwa, einem maltesischen Verein zur Wahrung des Kulturerbes, renoviert und ist jetzt zu besichtigen. Noch den besten *Badeplatz* – mit Anschluss an die maltesische Jugend – bietet der flache Felsrücken im Meer hinter dem Wignacourt Tower.

Im Norden, an der inneren St. Paul's Bay, liegt der Ortsteil **Xemxija** (*Schemschija*), dessen Meerfront ebenfalls Hotelanlagen und Restaurants säumen. Auf der Anhöhe hinter dem Hotel Mistra Village wurden *Gräber* aus der Zeit vor dem Tempelbau entdeckt, die für die maltesische Frühgeschichte große Bedeutung haben. Wie die späteren Tempel besitzen sie andeutungsweise bereits einen nierenförmigen Grundriss. Inzwischen sind sie jedoch arg vernachlässigt. Weiter oberhalb thront in beherrschender Position der *Selmun Palace* [s. S. 97].

Auf den **St. Paul's Islands** am Nordostrand der St. Paul's Bay steht eine Statue, die an den namengebenden Apostel erinnert, der in dieser Bucht Schiffbruch erlitten haben soll.

i Praktische Hinweise

Hotels

******Gillieru Harbour**, Misrah il Knisja, San Pawl il-Bahar, Tel. 21572720, Fax 21572745, www.gillieru.com.
Komforthotel am idyllischen Hafen von San Pawl il-Bahar mit Pool und Tauchschule. Es gehört zu dem bekannten Gillieru-Fischrestaurant.

******New Dolmen**, Misrah il-Bajja (Bay Square), Bugibba, Tel. 21581510, Fax 23555666, www.dolmen.com.mt.
Luxuriöses Großhotel mit schöner Poollandschaft, Tauchschule, Tennisplatz – und eigenem Megalithtempel, gleich um die Ecke das Oracle Casino.

*****Carolina**, Triq Sant Antnin (St. Anthony Str.), Bugibba, Tel. 21571534, Fax 21573602, www.carolinahotel.com.mt.
Modernes Haus im Zentrum der Urlaubsstadt mit Nightclub-Restaurant Mama's and Papa's im Parterre und Pool. Zentral, aber nicht ganz ruhig.

Nicht weit vom lebhaften Treiben in San Pawl il-Bahar – ländlicher Alltag wie anno dazumal

Sonne, Felsenstrand und türkisblaues Wasser an der Salina Bay. Gegenüber erstreckt sich mit Bugibba und Qawra das größte Ferienzentrum Maltas – hier bleiben keine Wünsche offen

Restaurants

Da Rosi, 44 Triq il-Knisja, St. Paul's Bay, Tel. 21571411. Kleines Fischrestaurant mit freundlichem Service, auch der Hauswein Girgentina aus Mellieha hat einen guten Ruf (Mo–Sa 19.30 Uhr).

La Sorpresa,Triq it-Turisti, Qawra, Tel. 21577301. Das kleine nette Restaurant ist an der lauten Hauptstraße von Qawra leicht zu übersehen, bietet aber eine überraschend gute Küche: Fisch, Pizza, Kaninchen oder Steak vom Känguruh.

Mirabelle, Pjazza tl-Bajja, Tel. 21572163. Restaurant im britischen Landhausstil hart an der Grenze zum Kitschigen. Dazu gibt es Pizza, Pasta und Steaks.

Venus, Triq il-Korp Tal-Pjunieri, Bugibba, kurz über dem ›Bay Square‹ an der Straße Richtung Mosta, Tel. 21571604. Angenehme Atmosphäre und exquisite, italienisch inspirierte Küche (nur abends geöffnet).

29 Salina Bay, Tal Qadi und San Pawl Milqi

Salinen, Felsgräber und heilige Stätten rund um die St. Paul's Bay.

Wer das wahre Malta kennen lernen will, braucht nicht weit zu fahren. Ausflüge, am besten als Spaziergang, zu den eher bescheidenen historischen Stätten im Umland der St. Paul's Bay lassen zugleich eine bäuerliche Welt entdecken, die noch nicht von Hochhausbau und Snackbar-Kultur verschüttet ist. Wenige Schritte Richtung San Giljan (St. Julians) hinter der großen Bugibba-Kreuzung liegt der **Kennedy Grove**, eine Ölbaumpflanzung aus den 1960er-Jahren. Das Wäldchen war das erste Aufforstungsprojekt Maltas und ist heute sonntags als Picknickplatz beliebt.

Dahinter folgt die **Salina Bay**, die ihren Namen den *Salinen* verdankt, die sich auf einem Areal in der Größe mehrerer Fußballplätze erstrecken. Sie wurden schon unter den Johannitern angelegt, heute gewinnen die Malteser hier einen Großteil ihres Exportgutes Meersalz (im Frühjahr sind die Salinen allerdings geflutet). Gleich links der Straße nach San Pawl Tat-Targa liegt die kleine Wehrkapelle *Annunziata*, die bei einer **Katakombenanlage** aus römisch-frühchristlicher Zeit errichtet wurde. Rechts der Kirche beginnt ein schmaler Pfad, der zwischen Feld und Neubau zu einer kreisförmigen Vertiefung führt, von der die Schachtgräber abgehen. Wenige Schritte weiter gelangt man zu einer zweiten Anlage, dessen Hauptkammer mit Arkosolgräbern und einem Agape-Tisch noch mit skulptierten Motiven verziert ist.

Geht man nun wieder auf der Küstenstraße zurück, kommt man beim Ortsschild San Pawl il-Bahar an die Abzweigung zur Kapelle *St. Michael's*. Nach 500 m

Ein lebhaftes Fleckchen Sand – Strand der Golden Bay ▷

auf diesem Weg hält man sich rechts und erreicht dann gegenüber einem Gewächshaus den megalithischen Tempel **Tal Qadi** (*Tal-'adi*). Die Anlage ist zwar nur noch rudimentär erhalten, versteckt sich aber idyllisch in einem Bauerngarten; die typischen Bauelemente sind gut zu erkennen.

Über die Straße von Salina Bay her sind es nur noch etwa 600 m durch Weingärten zum weitläufigen Dorf **Burmarrad**, das durch seine Kooperative *Farmer's Wine* bekannt ist (hinter dem Ortsausgang an der Hauptstraße Richtung Bugibba). Im Sommer kann man dort den lokalen Wein verkosten; ›Spitzenprodukt‹ ist die Sorte Château Beau Murrad.

An den Hängen des Gebel Ghawzara (*Dschebel ausara*) über dem Dorf liegt die hübsche Kapelle **San Pawl Milqi** (*San Paul mil'i*, Besichtigung auf Anfrage, Tel. 22954000, www.heritagemalta.org), zu deutsch ›Paulus' Willkommen‹. Sie stammt von 1620, steht aber auf den Fundamenten einer Kirche der normannischen Zeit, die als Nachfolgebau einer älteren frühchristlichen entstand. Diese war über der Zisterne im Haupthof einer großen römischen Landvilla errichtet worden, in der lokale Traditionen seit dem 5. Jh. den Ort sehen, an dem der Apostel *Paulus* nach seinem Schiffbruch den Vater des Inselstatthalters *Publius* heilte und damit die Bekehrung der Malteser einleitete. Die Ausgrabungen sind recht verwirrend, interessant aber sind die *Zisterne* unter dem Kirchenboden, zu der man hinabsteigen kann, und steinerne *Ölpressen* (Besichtigung auf Anfrage, Tel. 21487883) im Feld vor dem Bau.

Könner und die es noch werden wollen – an der Golden Bay sind Surfer in ihrem Element

Am Ortsausgang, vor der Weinkooperative, zweigt eine Nebenstraße zum **Wardija Ridge** ab. Wie auf dem Badija Ridge erstreckt sich dort eine einsame Terrassenlandschaft, hier und da akzentuiert durch einen *Johannisbrotbaum*. Über die Feldmauern ragen mächtige *Agaven* und bis zu 3 m hohe *Feigenkakteen* (Opuntien), deren Früchte süß und lecker, wegen der haarfeinen Stacheln aber mit Vorsicht zu schälen sind. Wenn man hier über die Anhöhe weiter wandert, ist in ca. 1,5 Std. (4 km) *Zebbieh* mit den Skorba-Tempeln [s. u.] erreicht.

30 Golden Bay, Gnejna Bay, Zebbieh und Mgarr

Maltas Strandparadiese und Tempelreste.

Südlich von Bugibba auf der anderen Seite der Insel und nur knapp 7 km entfernt liegen bei Ghajn Tuffieha (*Ain tuffieha*), der ›Quelle der Apfelbäume‹, die drei meistbesuchten Sandstrände Maltas.

Bei der Fahrt durch das fruchtbare Pwales Valley (*Puales*) erreicht man zuerst die feinsandige, flache **Golden** Top Tipp **Bay** mit dem *Hotel Radisson Resort*, wo viele Wassersportmöglichkeiten bis hin zu Paragliding geboten werden. Gegenüber dem auf einer Felsnase errichteten Wachturm gelangt man über eine Treppe zur **Ghajn Tuffieha Bay**, die sehr viel ruhiger ist.

Wer von hier über den Sattel der nächsten Halbinsel wandert, kommt dahinter zu einer einsamen Badestelle und, noch weiter an der Küste entlang, zur **Gnejna Bay** (*Dschneina*) mit einem sehr feinem Sandstrand unterhalb des *Lippija Tower* aus der Ritterzeit. Mit dem Auto führt der Weg zur Gnejna Bay jedoch über das Dörfchen Mgarr [s. u.]. Die Bucht ist Endpunkt einer kleinen Tour zu einigen selten besuchten historischen Stätten. Am Hang des Wardija Ridge liegen gleich unterhalb der Straße nach Zebbieh die **Roman Baths**, Reste römischer Thermen (derzeit geschl.). Die Anlage von eher bescheidenen Ausmaßen wurde von der bis heute stärksten Quelle Maltas (360 000 l/Tag) versorgt. Im kleinen Schutzbau, einer Spende der UNESCO, ist der gut erhaltene *Fußboden* des überdachten Lauwarmbades (*Tepidarium*) mit einem runden Federmosaik zu bewundern. Gleich gegenüber befindet sich das einstige Schwitzbad (*Caldarium*), in dem noch die Pfeiler der Hypokausten zu sehen sind, zwischen denen die warme Luft der Fußbodenheizung zirkulierte. Darüber ruhte ursprünglich ein Bodenbelag, der nicht mehr erhalten ist. Ein weiteres Relikt ›moderner‹ römischer Luxusausstattung ist die dahinter liegende *Gemeinschaftslatrine*, die eine unter den Sitzen fließende Wasserspülung besaß.

Weiter geradeaus auf der Hauptstraße erreicht man **Zebbieh** (*Sebie*) und dort rechts abbiegend die eher schlecht erhaltene Tempelanlage von **Skorba** (Besichtigung Di 11–13 Uhr oder auf Anfrage, Tel. 22 95 40 00, www.heritagemalta.org).

Die friedvolle Ruhe der Gnejna Bay unterbricht meist nur das Tosen der Brandung

Nach Ausgrabungen, deren Funde in die Zeit um 5200 v. Chr. zu datieren waren, gab Skorba einer sehr frühen Epoche der maltesischen Megalithkultur den Namen. Die spärlichen Reste des heute sichtbaren Tempels aus der Ggantija-Phase sind lediglich drei Orthostaten sowie Fundamentplatten. Ein zweiter, noch nicht freigelegter Tempel liegt unter der Absperrung.

Etwa 1 km weiter in **Mgarr** (*Imdschar*) biegt man kurz vor dem Kirchplatz links hinter der Schule zu dem eingezäunten Tempelareal **Ta' Hagrat** (*Ta hadschrat*, Besichtigung Di 9.30–11 Uhr oder auf Anfrage, Tel. 22 95 40 00, www.heritagemalta.org) ab. Die Anlage, bestehend aus zwei Dreiraum-Tempeln, stammt vom Beginn der Ggantija-Phase (3400 v. Chr.). Beeindruckend ist die gut erhaltene gemeinsame *Fassade* aus mächtigen Korallenkalk-Blöcken. Vier Orthostaten, die noch heute bis zu 3 m hoch sind, bilden den zentralen Innenraum. Während die *linke Kammer* und der Kopftrakt als Kulträume gestaltet sind, öffnet sich die *rechte Kammer* auf einen langen *Korridor*, auf den der Eingang des kleineren und vermutlich etwas älteren *Nordtempels* auf erhöhtem Niveau mündet. Von diesem Bau sind jedoch nur die Fundamentplatten original erhalten. Nach Westen führt der Korridor über eine Treppe zu einem Ausgang in der Außenmauer.

Der Hauptstraße folgend kommt man an der Kirche **Santa Marija** von Mgarr (1927) – wegen ihrer enormen Kuppel auch *Egg Church* genannt – vorbei zur Gnejna Bay; am Ortsrand links der Straße liegt das **Zammitello Castle** (Tel. 21 37 86 56, event@corinthia.com), in dem mitunter Folklore Diners stattfinden.

i Praktische Hinweise

Hotel

*******Radisson SAS Golden Sands**, l/o Mellieha Golden Bay, Tel. 23 56 10 00, Fax 23 56 00 01, www.radissonsas.com. Neues Luxus-Haus direkt über dem wohl schönsten Strand Maltas.

31 Mellieha

Uraltes Wallfahrtsziel mit weiter Sandbucht.

Die nördlichste Stadt der Insel wurde bereits in der Volkszählung von 1436 erwähnt, die Bedrohung durch Piraten erzwang im 16. Jh. jedoch die Aufgabe von Mellieha. Eine neue Ansiedlung entstand erst nach 1841 auf dem Höhenzug bei der Höhlenkirche Santa Marija, die noch auf vorarabische Ursprünge zurückzugehen scheint. Heute besteht die Stadt aus drei deutlich geschiedenen Teilen: den *Altstadtvierteln* auf dem Hügel, einem immensen *Villengürtel* am Hang zur Küste hin – dazwischen die *Hauptstraße* (Triq il-Kbira, dann Triq George Borg Olivier), an der sich das geschäftige und touristische Leben abspielt.

Die Höhlenkirche **Santa Marija** (Our Ladies Shrine, tgl. 8–12 und 16–18 Uhr) liegt direkt unterhalb der neubarocken, 1897 begonnenen Pfarrkirche gleichen Namens. Vom ursprünglichen Gebäude ist heute noch die in den Fels gehauene *Chorapsis* erhalten, deren direkt auf die Steinwand gemalte *Mariendarstellung* einer Legende zufolge der Evangelist Lukas eigenhändig geschaffen haben soll. Vermutlich entstand sie zwar erst im 12./13. Jh., doch tut dies der Bedeutung dieser alten Wallfahrtsstätte keinen Abbruch. Die zahllosen in der Sakristei ausgestellten Votivgaben, die der *Maria von Mellieha* im Laufe der Zeit von den Gläubigen gestiftet wurden, legen beredtes Zeugnis davon ab.

Hinter der Pfarrkirche, am Rand des kleinen Friedhofs lohnt eine Rast in der *Sea View Bar* mit wunderbarer Aussicht nach Norden bis hinüber nach Gozo.

Am Ortsausgang Richtung Valletta, direkt hinter einer restaurierten Girna (*Dschirna*, s.S. 99), biegt man zum **Selmun Palace** ab, der sich wie eine Festung auf der Anhöhe erhebt. Ursprünglich residierte in dem aus dem frühen 17. Jh. stammenden Landsitz die Stiftung *Monte di Rendenzione*, die sich um den Rückkauf von versklavten Maltesern aus der Hand der Sarazenen kümmerte. Heute ist das Gebäude in den Komplex des Grand Hotel Mercure Coralia Selmun Palace integriert. Im historischen *Hauptsaal* mit Louis-Quinze-Ambiente ist das Castle Restaurant eingerichtet, das auch Nicht-Hotelgästen offensteht [s. u.].

Unterhalb an der Küste kann man die einsame **Mgiebah Bay** (*Imdschieba*) am Ende eines idyllischen Tals besuchen (vor dem Hotel links abbiegen).

In der lang gezogenen **Mellieha Bay** nördlich von Mellieha landete am 6. September 1565 die sizilianische Flotte, der die Johanniter den Abzug der Osmanen nach der Großen Belagerung zu verdanken hatten. Heute ist die Badebucht bei Familien beliebt, auch wenn der gesamte Verkehr nach Gozo in unmittelbarer Nähe vorbeifließt.

Im Inland erstreckt sich das kleine Vogelschutzreservat von **Ghadira** (*Aadira*, Führungen Sa/So 10.30–16.30 Uhr, Tel. 21572603), das einzige Feuchtbiotop Maltas und Rastplatz ziehender *Wasservogelarten* auf dem Weg nach Zentralafrika. Die kleinen blassgrünen Holzhäuschen am Hang darüber sind Wochenend-Datschas der Malteser, die jedes Jahr im Juli und August scharenweise zur Sommerfrische in den Norden ziehen.

Auf der anderen Seite der schmalen Landbrücke vor dem Marfa Ridge liegt die **Anchor Bay**, zu der ein Feldweg von der neuen Umgehungsstraße um Mellieha abzweigt (1,5 km). Für die Verfilmung des Comics ›Popeye‹ unter Regie

Wenn Zeichentricks lebendig werden – ›Popeye Village‹ lässt nicht nur Kinderherzen höher schlagen, der windschiefe Zauber des Filmdorfs begeistert auch Erwachsene

von *Robert Altman* wurde dort 1979 ein komplettes kanadisches Fischerdorf aufgebaut. Das **Popeye Village** (April–Sept. tgl. 9.30–17, sonst bis 16.30 Uhr, www.popeyemalta.com) ist seither als Touristenattraktion zugänglich. Die meisten Häuser, darunter eine Schule, eine Bäckerei, Läden und die Feuerwehrstation, sind reine Kulissenbauten, denen man nur aufs Dach steigen kann. Doch auch so begeistern sich vor allem Kinder für das romantische Flair der windschiefen Holzhütten.

i Praktische Hinweise

Hotels

TOP TIPP ****Grand Hotel Mercure Selmun **Palace**, zwischen Bugibba und Mellieha, Tel. 21521040, Fax 21521159, www.accorhotels.com. Moderner Bau in absolut ruhiger Lage über der St. Paul's Bay, mit Restaurant in einem ehemaligen Ritterpalast des 17.Jh. (Restaurant So/Mo geschl.).

****Mellieha Holiday Centre**, Mellieha Bay, Tel. 22893000, Fax 22893322, www.melliehaholidaycentre.com. Kinderfreundliche Bungalow-Anlage 400 m vom flachen Sandstrand entfernt.

Restaurants

Cross Keys Pizzeria & Pub, 5 Triq is-Salib (Cross Square), Mellieha, Tel. 21523744. Maltesische Küche und Fisch sind die Spezialitäten dieses Lokals am Rand der Altstadt mit schönem Dachgarten.

Giuseppi's Wine Bar, 25 Triq Santa Liena, Ecke Triq il-Kbira, Mellieha, Tel. 21574882. Maltesische Küche mit sizilianischem Einfluss in rustikal eingerichtetem altem Stadthaus (So/Mo geschl.).

Il Mithna (Il-Mulino), 45 Triq il-Kbira, Mellieha, Tel. 21520404. In einer schön hergerichteten alten Mühle, Edelambiente, aber netter Service (Mo geschl.).

32 Marfa Ridge

Mediterrane Naturidylle und einige der besten Strände Maltas.

Vergleicht man Maltas Form mit der eines Fisches, dann ist seine Schwanzflosse das Marfa Ridge, ein bis auf die Hotels *Paradise Beach* und *Ramla Bay* unbesiedelter Höhenrücken, der auf mittelalterlichen Karten noch als Insel wiedergegeben wird. Schafweideflächen im Süden und Krüppelkieferhaine im Norden bestimmen die Landschaft, die mit Blick in Richtung Gozo in einigen schönen Buchten ausläuft.

Schon von der Mellieha Bay aus zu sehen ist der **Red Tower** (Mo–Sa sowie jeden 1. So des Monats 10–12.30 Uhr), ein 1649 errichteter Wachturm, der nach Restaurierung durch die Din L-Art Helwa (s.S. 92) heute besichtigt werden kann –

Ritterromantik und Komfort sind im Grand Hotel Mercure Coralia Selmun Palace vereint

Flach und kindersicher – der feine Sandstrand der Armier Bay ist bei Familien sehr beliebt

mit herrlichem Blick über den Comino Channel. Die Hauptstraße lässt ihn links liegen und endet bei der Fährstelle Cirkewwa (*Tschirkoua*), tagsüber mit ca. stündlicher Verbindung nach Gozo.

TOP TIPP Als schönste Bucht auf dem Marfa Ridge gilt die **Armier Bay** mit einem langen Sandstrand und Restaurants – hier machen die Malteser Urlaub. Die **Ramla Bay** bietet als Strand des Hotels Ramla Bay auch eine Surfschule und viele Wassersportmöglichkeiten. Die letzte Bucht, **Ramla Tat-Torri**, liegt unterhalb des *White Tower* aus der Ritterzeit und wird von einem ganzen Datschen-Gürtel umlagert.

Vom nördlichen Ende des Marfa Ridge genießt man einen schönen Blick über die Mellieha Bay bis zu St. Paul's Islands. Vor dem Abzweig zur Armier Bay lohnt zudem eine restaurierte **Girna** (*Dschirna*), ein unscheinbares Steinbauwerk direkt neben der Straße, einen Stopp. Diese an umgedrehte Bienenkörbe erinnernden Unterstände aus kunstvoll aufgeschichteten Bruchsteinen sind überall im ländlichen Malta anzutreffen, selten jedoch so häufig wie hier auf dem Marfa Ridge. Sie stammen vermutlich aus dem Mittelalter, die Technik geht jedoch bis zur Bronzezeit zurück. Als die Insel noch kaum besiedelt und die Wege noch lang waren, fanden Hirten und Bauern sowie Gerät in den Hütten ein sicheres, sogar regendichtes Plätzchen.

i Praktischer Hinweis

Hotel

******Ramla Bay Resort**, Ramla Bay, Marfa Ridge, Tel. 21522181, Fax 22812282, www.ramlabayresort.com. Etwas ältere, aber sehr idyllische Anlage auf der unbewohnten Marfa-Halbinsel. Flacher Sandstrand, Restaurants, Strandsport. Leihwagen notwendig, da keine direkte Busverbindung.

Trutzig und wehrhaft erhebt sich der Red Tower auf dem Marfa Ridge

Gozo – Zauber der Abgeschiedenheit

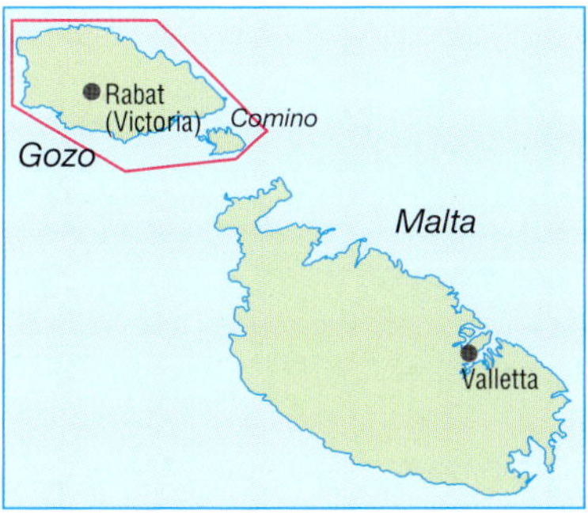

Die Schwesterinsel Maltas lag immer etwas abseits – und hat sich daher den pastoralen Charme einer mediterranen Inselidylle erhalten können. Die Dörfer entsprechen zwar wie auf Malta dem süditalienischen Bild der ›Agrarstadt‹, doch sind sie noch nicht zu einem urbanen Konglomerat verschmolzen. Gozos Küste steigt im Süden und Westen bis zu 100 m aus dem Meer, die höchste Erhebung sind die *Steilklippen* von **Ta'Cenc** im Westen. Besser zugänglich ist die östliche und nördliche Küste mit den schönen *Badestränden* der **Ramla Bay** oder von San Blas und der malerischen Bucht von **Mgarr**, dem Haupthafen Gozos. Von der zentralen Ebene rund um die Inselkapitale **Rabat (Victoria)** laufen weite Täler sternförmig auf die Küsten zu. Charakteristisch abgeflachte *Tafelberge*, die ›sieben Hügel‹ Gozos, fassen diese Täler ein. Um das Ackerland in den Senken freizuhalten – aber auch aus strategischen Gründen –, liegen die Siedlungen in der Regel auf den Kuppen der Hügel. Von dort oben blicken sie stolz über fruchtbare Felder, die durch klappernde *Windräder* bewässert werden. Dass man Gozo als ›grüne Insel‹ bezeichnet, mag zwar maßlos übertrieben scheinen, lässt sich aber statistisch beweisen: Mit nur einem Viertel der Größe Maltas liefert Gozo heute über die Hälfte der gesamten Agrarproduktion.

Die touristische Entwicklung prägt die Insel noch nicht, lediglich **Marsalforn** an der Nordküste und **Xlendi** im Süden sind lebhafte, jedoch nicht überlaufene Ferienorte. Rabat (Victoria) mit der *Zitadelle* bildet dagegen den städtischen und verkehrstechnischen Mittelpunkt Gozos. Die *Geschichte* Gozos beginnt wie die Maltas mit einer neolithischen Bevölkerung, bis nach mehreren Einwanderungswellen auch hier die Menschen der Megalithkultur ihre steinernen Monumentaltempel auftürmten. Der **Ggantija-Tempel** beim Dorf Xaghra gehört zu den vier am besten erhaltenen des Archipels. Doch erreichte das kleine Gozo nie größere Bedeutung. Heute bezaubert die Insel durch ihre vielen stillen Ecken: einsame Buchten mit bizarren Felsformationen, beschauliche Dörfer, ummauerte Felder und karge Hochplateaus, über die der Wind den Geruch des Meeres trägt.

33 Mgarr

Kleines Hafenstädtchen mit idyllischen Fischrestaurants.

Wenn das Schiff von Cirkewwa an der Nordwestküste Maltas am winzigen Eiland Comino vorüberzieht und Kurs auf den Hafen Mgarr (*Im-dschar*) nimmt, liegt eines der schönsten Panoramen Gozos im Vorblick. In der Steilküste öffnet sich unterhalb des *Fort Chambray*, das nun zu einem Touristenzentrum umgebaut wird, ein schmales Hafenrund, in dem eine ganze Flotte knallbunter *Luzzu-Boote* in der Sonne glänzt, darüber stechen zwei spitze Kirchtürme in den Himmel. Der kleinere gehört zur neugotischen Kirche **Our Lady of Lourdes** aus dem 19. Jh., der größere zur Kirche **Our Lady of Loreto** in der Gemeinde Ghajnsielem (*Ainsielem*), die in den 1970er-Jahren mit den Spenden nach Australien ausgewanderter Gozitaner begonnen wurde. Stets Ende August wird hier ein aufwendiges *Patro-*

◁ *Gozo: Hafenidylle in Mgarr (oben) und Frühlingszauber auf dem Land (unten)*

Am Anfang war Kalypso

Eine alte Tradition bezeichnet Gozo als jenes mythenumwobene **Ogygia**, auf dem die Nymphe Kalypso nach Homer den griechischen Helden Odysseus als Liebessklaven gefangen hielt. Als Ort ihrer erotischen Obsession wird eine Grotte über der Ramla Bay gezeigt – wenn auch wahrscheinlicher ist, dass der antike Dichter dunkle Kunde von den seltsamen steinernen Tempeln verarbeitete, die mit den Phönikern nach Osten drang.

Die Phöniker, die die maltesischen Inseln als Sprungbrett ihrer Expeditionen ins westliche Mittelmeer nutzten, waren die ersten, die schriftliche Zeugnisse hinterließen. Vielleicht weil sie die aufragende Küstenlinie an ihre hochbordenden Schiffe erinnerte, gaben sie dem Eiland deren Namen und nannten sie **Gwl** (Gol gesprochen).

Daraus machten die Römer später **Gaulus**, was sich in byzantinischer Zeit zu **Gaudes** verschliff und schließlich von den Arabern, die Ende des 9. Jh. als Eroberer kamen, als **Ghawdex** übernommen wurde. Diesen Namen, ›audesch‹ gesprochen, benutzen auch die heutigen Einwohner immer noch, **Gozo** hingegen ist eine Ableitung der Spanier, die vom Spätmittelalter bis 1530 herrschten.

natsfest veranstaltet, bei dem das Gotteshaus mit rotem Damast ausgehängt und der Kirchenschatz präsentiert wird.

Mgarr mit seinen Kaianlagen, einem Informationsbüro und einer Garage für Leihwagen wird von den meisten Besuchern schnell links liegen gelassen, zumal bei Ankunft der Fähre gleich ein Bus nach Victoria startet. Doch bietet der alte **Fischerhafen** zahlreiche idyllische Impressionen. Morgens wird der Fang ausgeladen, den man abends (frischer geht es nicht) in den Restaurants erhält, nachmittags werden die Boote gewartet und neu gestrichen.

i Praktische Hinweise

Fähre: Tagsüber etwa alle 45 Min., abends alle 75 Min. von Cirkewwa, bezahlt wird bei der Rückfahrt. Schnellboote ab Sliema und Bugibba; mittags eine Fähre ab Sa Maison (Valletta/Pietà).

Restaurant

Il-Kcina tal-Barrakka, gegenüber Pier B, Tel. 21 55 65 43. Einfaches Fischrestaurant, in dem die Früchte des Meeres fangfrisch zubereitet werden (Mo geschl.).

34 Xewkija

Eine Kirchenkuppel der Superlative.

Die Hauptstraße von Mgarr nach Victoria führt am **Santa Cilja Tower** aus dem frühen 17. Jh. vorbei; wer sich nicht über Nepp ärgern möchte, lässt auch die **Gozo Heritage Show** (Mo–Sa 9–16.45 Uhr) links liegen. Anhand von Szenen mit lebensgroßen Pappmaschee-Figuren wird dort versucht, die Geschichte der Insel nachzuzeichnen, wobei sich das meiste aber im Reich der Legenden bewegt. Fazit: für Kinder vielleicht ganz spannend.

Nach etwa 3 km wird das Dorf **Xewkija** (*Schowkija*) passiert, das ebenfalls durch einen spektakulären Kirchenbau in die Geschichte eingehen wollte und sich dafür Longhenas Santa Maria della Salute in Venedig zum Vorbild nahm. Der kleine Ort mit etwa 2800 Einwohnern nennt heute eine der größten Kirchenkuppeln der Welt sein eigen, die mit ihrer Höhe von 75 m sogar die von Mosta [s. S. 90] übertrifft. Zwischen 1951 und 1971 errichtete die Gemeinde die Johannes dem Täufer geweihte Rotunda **San Gwann Battista** zum Großteil in Eigenarbeit (und in Stahlbetontechnik!), wobei man das neue Gotteshaus zunächst um die alte Pfarrkirche von 1665 herumbaute, die erst zum Schluss abgerissen wurde.

35 Rabat (Victoria) Plan S. 105

Gozos Hauptstadt mit pittoresker Altstadt und Zitadelle.

Überragt von der weithin sichtbaren Zitadelle, so thront Gozos Hauptstadt in der Inselmitte. Obwohl er wirtschaftliches und kulturelles Zentrum ist, hat sich der Ort mit seinen etwa 6500 Einwohnern jedoch den beschaulichen Charakter eines Landstädtchens bewahrt.

Ein Bauwerk der Superlative – die Rotunda San Gwann Battista von Xewkija ist die größte Rundkirche Maltas und besitzt eine der höchsten Kuppeln der Welt ▷

Von mächtigen Mauern umgeben – nicht nur im Abendlicht bietet die weithin sichtbare Zitadelle von Rabat (Victoria) mit der Kathedrale Santa Marija einen imposanten Anblick

Geschichte Eine erste Siedlung auf dem flachen Hügel über der größten Fruchtebene der Insel, der heute die Zitadelle trägt, datiert bis in das punische 3. Jh. v. Chr. zurück. In der römischen Kaiserzeit wurde der Ort als *municipium* geführt, besaß also Stadtrechte und eine selbstständige Verwaltung. Wohl unter den Byzantinern erhielt die Zitadelle neue Befestigungen, die die Araber verstärkten. Unter diesen bildete sich wie auch im Fall von Mdina [s. S. 77] auf Malta die **Zweiteilung** der Stadt in das geschützte Burgareal und eine locker besiedelte Vorstadt heraus, arabisch Rabat genannt.

Während des großen Angriffs der Piraten unter *Dragut* im Jahr 1551, bei dem Gozo fast seine gesamte Bevölkerung verlor, wurde die Zitadelle stark beschädigt. Erst 50 Jahre später reichte die Kraft für einen Wiederaufbau und eine Neubesiedlung der Insel. Die neue Wallanlage diente aber zunächst nur als **Schutzburg**. Häuser durften nicht errichtet werden, und bis 1637 mussten alle Bewohner Gozos die Nacht innerhalb der Mauern verbringen. Als die Zeiten wieder sicherer wurden, siedelte sich die Bevölkerung in der Ebene in Rabat an, und die Festung blieb zu großen Teilen unbebaut. Erst 1897 erhielt die Stadt zum sechzigjährigen Thronjubiläum der britischen Königin ihren Namen Victoria, der heute noch als Ehrenname genannt wird, obwohl die Stadt nun offiziell wieder Rabat heißt.

Besichtigung Von Mgarr aus kommt man über die *Triq Ir-Repubblika* in die Stadt und ihr Zentrum, den **It-Tokk** oder Pjazza Indipendenza [s. u.], wo jeden Werktag am Vormittag ein pittoresker *Markt* u. a. mit gozischer Spitze und handgearbeiteten Strickwaren abgehalten wird.

Die Citadella

Vom It-Tokk führt die Treppenstraße **Telgha Tal-Belt** ❶ hinauf zur **Citadella**, die den Platz der antiken Akropolis einnimmt. Ein bis zwei Mal im Monat finden hier die Historischen Militärparaden *Sentinella* statt. Durch den großen Bogen tritt man vor die lichthelle Fassade der Kathedrale und ihre hohe Freitreppe. Links wird der Platz von dem im 17. Jh. errichteten *Gerichtshof* der gozischen Universitá begrenzt, der nun als Verwaltungsgebäude dient, rechts vom *Palast des Bischofs* von Gozo.

Lorenzo Gafà, der bekannte maltesische Barockbaumeister, entwarf die **Kattidral Santa Marija** ❷ 1697 im Stil des römischen Frühbarock. Dass der Bau erst knapp 20 Jahre später fertig gestellt wurde und man zudem auf die Kuppel verzichtete, zeugt von einer gewissen Mittelknappheit – der Bischof von Malta, der damals auch noch für Gozo zuständig war, scheint hier gespart zu haben. Zur Kathedrale erhoben wurde die Kirche 1864, als Malta den Rang eines Erzbistums und Gozo den eines selbstständigen Bistums erhielt. Im *Inneren* wird man die fehlende Kuppel kaum bemerken, denn ein schönes perspektivisches Deckengemälde von 1732 täuscht einen hohen Überbau vor. Sehenswert sind auch die *Grabplatten* im Fußboden, das geschlossene *Taufbecken* aus gozischem Alabaster und der aus kostbaren Marmorsorten gestaltete *Hauptaltar* (1855). Das **Cathedral Museum** (Mo–Sa 11.30–16 Uhr, Eingang links hinter der Kirche) bewahrt wertvolle klerikale Gegenstände des 19. Jh., etwa Bischofsgewänder, liturgisches Gerät aus Silber sowie Gemälde.

Ein Durchgang neben dem Bischofspalast führt zum **Museum of Archeology** 3 (tgl. 9–17 Uhr, letzter Einlass 16.30 Uhr, www.heritagemalta.org) von Gozo, das in der aus dem 16. Jh. stammenden *Casa Bondi* eingerichtet ist. Gleich im Eingangsbereich kann man fünf der berühmten *Brocktorff-Aquarelle* betrachten, auf denen der Tempelkomplex von Ggantija

Gozos reiche Ernte auf dem Markt an der Pjazza Indipendenza in Rabat (Victoria)

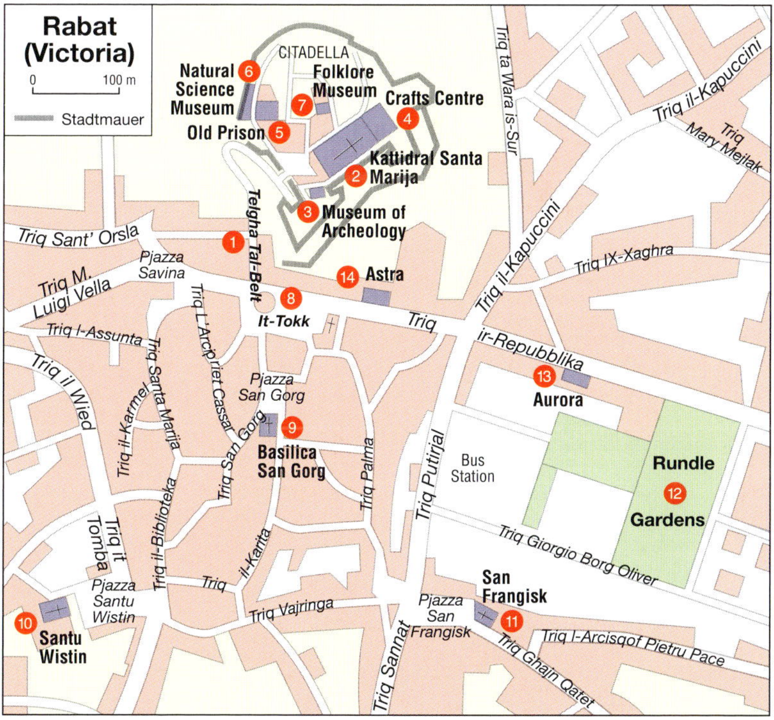

›Prison Street‹ – in der engen Gasse bieten Souvenirläden ihre Waren feil

[s. S. 112] zur Zeit der ersten Grabungen dargestellt ist. Die 1827 entstandenen Bilder haben insoweit besondere Bedeutung, als der damalige Grabungsleiter, ein britischer Colonel, keinerlei schriftliche Aufzeichnungen hinterlassen hat. Aus Ggantija stammt außerdem der *Orthostat* mit dem Relief einer Schlange, die in der Megalithkultur als Fruchtbarkeitssymbol galt. Weiterhin sind *Keramikfunde* verschiedener Epochen sowie einige *Magna-Mater-Köpfe* aus Terrakotta zu sehen. Kleinfunde aus den neolithischen Stätten Santa Verna und Brocktorff's Circle, darunter ein mit Ocker ausgemaltes *Altarrelief*, ergänzen das Bild dieser Epoche; die Bronzezeit ist mit Keramik und *Webgewichten* dokumentiert, die in Rabat entdeckt wurden. Im **2. Stockwerk** sind ein rekonstruierter Anker sowie *Amphoren* aus römischer Zeit ausgestellt, die bei Unterwassergrabungen als Fracht mehrerer in der Bucht von Xlendi gestrandeter Handelsschiffe geborgen wurden. In einigen Vitrinen ist eine bemerkenswerte Sammlung antiker *Münzen* zu sehen. Interessant ist auch der punische *Schmuck*, darunter einige steingeschnitzte Amulette. Funde aus dem Mittelalter im Nebenraum schließen die Sammlung ab. Besonders schön ist dort der *Majmuna-Grabstein* aus dem Jahr 1174 mit einer arabischen Inschrift in kufischen Schriftzeichen, die den Tod eines jungen Mädchens beklagt.

Vom Museum verläuft die ›Prison Street‹ entlang etlicher Souvenirläden zum **Crafts Centre** 4 (Mo–Sa 9–16.30 Uhr), das in einer Ausstellung über gozische Handwerkskunst informiert.

Eine sehr schöne Aussicht bietet ein Spaziergang über den **Bastionsring**, auf dem man die Festung einmal umrunden kann. Neben dem Museum of Archaeology führt eine Treppe auf die *St. Michael's Bastion*, die den Trockengraben überragt. Von hier kommt man über das Eingangstor hinweg zur *St. Martin's Basti-*

Vom hoch gelegenen Bastionsring der Zitadelle überblickt man fast ganz Rabat (Victoria). Im Zentrum der Altstadtgassen erhebt sich die barocke Basilica San Gorg

Reich und prunkvoll zeigt sich die Basilica San Gorg von Rabat (Victoria) im Inneren. An goldener Pracht wurde bei der Ausstattung der Barockkirche nicht gespart

on – immer mit Blick auf das Gassengewirr der Unterstadt, das von der mächtigen Kuppel der Basilica San Gorg und dem *Centru Laburista*, dem Büro der Sozialisten, überragt wird, quasi ein maltesisches ›Don Camillo und Pepone‹. Ein Besuch des **Old Prison** 5 (tgl. 9–17 Uhr, letzter Einlass 16.30 Uhr, www.heritagemalta.org) gegenüber von St. Martin's Cavalier lässt den Gefängnisalltag früherer Zeiten wieder aufleben. Gegenüber ist Gozos **Natural Science Museum** 6 (Öffnungszeiten wie Old Prison) untergebracht.

Weiter geradeaus geht es dann auf die *Nordmauern*, wo der Hügel so steil abfällt, dass er nicht mit einem Graben gesichert werden musste. Von hier öffnet sich der Blick auf den grün-rot-braunen Flickenteppich der gozischen Felder, über dem sich das Dörfchen Zebbug auf dem nächsten Tafelberg erhebt. Das Areal der Zitadelle macht hingegen einen vernachlässigten Eindruck: ein Trümmerfeld, aus dem verwitterte Mauern ragen. Für Grabungen, die Auskunft über das mittelalterliche Stadtleben geben könnten, fehlte bislang das Kapital, es haben jedoch Aufräumarbeiten begonnen.

TOP TIPP Einen guten Eindruck vom Dorfleben der vergangenen Zeit kann man sich im **Folklore Museum** 7 (Öffnungszeiten wie Old Prison) verschaffen, das in drei restaurierten siculo-normannischen Häusern aus dem 15. Jh. untergebracht ist. Zu sehen sind vor allem Gegenstände des bäuerlichen Alltags. Im *Erdgeschoss* sind alte Hohlmaße, Gewichte und Waagen ausgestellt, aber auch eine alte *Getreidemühle*, die mit Hilfe von Zugtieren betrieben wurde. Das *Obergeschoss* bewahrt eine Sammlung gozischer *Trachten* und Erzeugnisse der *Spitzenklöppelei* sowie einfache Votivgaben aus Silberblech. Auch die Tradition der *Festas*, vermutlich eine Übernahme aus dem spanischen Sizilien, die Mitte des 19. Jh. nach dem Vorbild der britischen Militärmusik um die Sitte der marschierenden Blaskapellen ergänzt wurde, ist vertreten. Im **Nebenhaus** sind vor allem die alten *Handwerke* dokumentiert, etwa mit einer nachgebauten Schmiede, einer Steinmetz- und einer Klöppelwerkstatt.

Die Unterstadt

Wer nun noch etwas Zeit hat, sollte einen Bummel durch die Unterstadt von Rabat nicht versäumen, vielleicht nach einer Rast im *Citadello Complex* am Telgha Tal-Belt (Café und Souvenirgeschäft). Man beginnt am besten am

TOP TIPP **It-Tokk** 8, auch Pjazza Indipendenza genannt [s. S. 104]. Den Platz säumen einige angenehme Lokale, etwa die *Red Bar*, das *Jubilee* oder das *Royal Café*. Nach Westen wird der Platz durch die **Banca Giuratale** begrenzt, den ehemaligen, 1733 erbauten Sitz der gozischen Selbstverwaltung. Wo nun die alten Männer ihren Abendschwatz halten, tagten damals die Richter, in römischer Zeit soll sich hier das Forum befunden haben. Die Kirche **St. James's** von 1740 direkt gegenüber, die in den frühen 1980er-Jahren eingestürzt war, erstrahlt heute wieder in neuem Glanz. Die Gozer sagen übrigens, dass der häufige Gebrauch der Glocken dieser Kirche, die früher die Menschen zu Versammlungen auf dem Platz riefen, den Einsturz verursacht hätte.

TOP TIPP Nur wenige Schritte südlich des It-Tokk erreicht man die **Basilica San Gorg** 9, die zweite Hauptkirche von Rabat (Victoria), die am dritten Juli-Wochenende ihre *Festa* feiert. Der Bau mit einer prachtvollen *Innenausstattung* in Gold- und Rottönen wurde 1678 begonnen und erhielt 1818 eine neue Fassade. Mit dem von vier hockenden Engeln getragenen *Altar* unter dem Baldachin (einer Kopie des Bernini-Werks im römischen Petersdom aus den 1960er-Jahren) besitzt er eines der schönsten Barockinterieurs Maltas. Ein Beweis der Stiftungsfreudigkeit der reichen Bürger von Rabat ist auch die lebensgroße, 1841 geschnitzte Prozessionsfigur des hl. Georg, dessen Gurt, Schwert und Sandalen aus purem Gold bestehen.

Rings um die Kirche erstreckt sich das verschachtelte Gewirr der engen dunklen **Altstadtgassen**, in denen die Leute noch zum Schwatz vor den Türen sitzen. Den früheren Stadtrand markieren die Klöster **Santu Wistin** 10 (St. Augustin) und **San Frangisk** 11 (St. Francis) entlang der Triq Vajringa. Zwischen ihnen erstreckt sich unterirdisch ein breiter *Katakombengürtel*, der heute freilich überbaut ist. Allerdings sollen die ersten Franziskaner, die um 1600 auf die Insel kamen, bis zum Bau des Konvents 1678 in diesen Höhlen gelebt haben.

Die Triq Putirjal, die nach dem Haupttor des post-arabischen Rabat benannt ist, führt zurück zur Triq Ir-Repubblika. Dort geht es nach rechts zu den **Rundle Gardens** 12, die der britische Gouverneur Sir Lelsie Rundle 1914/15 anlegen ließ. Die damals mit allerlei exotischen Gewächsen versehenen Gärten, in denen heute Mitte August eine *Landwirtschaftsausstellung* stattfindet, sind bei jungen Liebespaaren beliebt – und werden daher um 19 Uhr zugesperrt.

An der *Triq Ir-Repubblika*, die nun hügelauf zum It-Tokk zurückführt, reihen sich nicht nur Post, Tankstelle, Telemalta-Büro und die moderneren Geschäfte der Stadt, sondern auch gleich zwei ›Opernhäuser‹. Das **Aurora** 13 gehört zum *Band Club* der Kathedrale, das **Astra** 14 zu dem der Basilica San Gorg – die auf Malta und Gozo so typische Rivalität zwischen den Pfarrgemeinden verschiedener Dörfer, aber vor allem innerhalb eines Ortes, hat hier ganz besondere Blüten geschlagen. Beide Häuser bieten Platz für je 1000 Zuschauer, zeigen jedoch nur selten bedeutende Aufführungen. In erster Linie dienen sie als Vortragssaal, Probenraum für die Blaskapelle, für Bingo-Abende und am Wochenende auch als Diskothek, im-

Architektonisches Erbe der arabischen Epoche in Rabat (Victoria) – im warmen Licht der Abendsonne erstrahlen die typisch maltesischen Balkonhäuser in neuem Glanz

Von der Brandung zu eigenwilligen Formen geschliffen – die gelben bizarren Globigerinenfelsen an der Xwejni Bay verändern sich beständig

mer aber schön getrennt nach dem jeweiligen ›Club‹.

i Praktische Hinweise

Information: Tourist Information Office, Republic Street, Tigrija Palazz, Rabat, nahe Bus Station, Tel. 21561419, Fax 21550254.

Restaurants

Chip n' Dale, Pjazza San Frangisk, Rabat, Tel. 21560506. Einfache Pizzeria mit typisch gozischem Charme an einem Platz mit vielen urigen Bars.

Il-Panzier, 39, Triq il-Karita, Rabat, Tel. 21559979. Hübsches Altstadthaus in der Gasse neben San Gorg. Der charmante Valentino aus Sizilien serviert Snacks, Pasta und Fisch nach Art seiner Heimat.

The Grapes Wine Bar, Mirah San Gorg, Rabat, Mobil 79473503. Nette Bar am It-Tokk. Solide Snacks, Pizza und Pasta sind im Angebot ebenso wie eine angenehme Atmosphäre.

36 Marsalforn

Angenehmes Urlaubsstädtchen an der Nordküste.

Marsalforn, zu deutsch ›Hafen der Bäcker‹, ist heute der beliebteste Urlaubsort von Gozo – lebhaft, doch nicht übermäßig ausgebaut. Das Zentrum bildet die *Meerpromenade* rund um die Bucht, die allerdings den schmalen Strand noch kleiner gemacht hat. Sie ist gesäumt von Bars, Restaurants, mehreren Hotels und Apartmenthäusern sowie einem kleinen *Fischerhafen*. Tagsüber wirkt Marsalforn eher verschlafen, das ändert sich jedoch gen Sonnenuntergang, wenn die Feriengäste, aber auch viele Ausflügler aus Rabat (Victoria), zum *Corso* auf die Triq Santa Marija strömen und zwischen Hotel Calypso und dem Restaurant Il-Kartell [s. u.] auf- und abflanieren.

Viele baden zwar auch im recht sauberen Hafenbecken, doch liegen die schönsten Buchten Gozos nicht weit entfernt. Die idyllische *Ramla Bay* [s. S. 113] östlich von Marsalforn ist zu Fuß entlang der Küste in etwa 45 Min. zu erreichen. Auf der Uferstraße nach Westen geht man in etwa 20 Min. zunächst zur **Qbajjar Bay** (*'bajjar*), wo einige Fischerboote ankern, etwas weiter dann zur malerischen **Xwejni Bay** (*Schu-ieni*). Dort hat die Brandung die hellen Globigerinenfelsen im Laufe der Zeit zu bizarren Gestalten geformt, auf mächtigen Gesteinsblöcken kann man sich wunderbar sonnen. An der Bucht liegen auch lange, in die Felsküste geschlagene **Salzpfannen**, wie man sie an vielen Orten in Malta findet; diese hier werden heute noch benutzt. Im Hochsommer kann man beobachten, wie die feuchte Salzmasse zusammenge-

Handarbeit mit Besen und Schaufel – bei den Salinen in der Xwejni Bay kann man im Juli und August noch häufig beobachten, wie das wertvolle Meersalz zusammengekehrt wird

kehrt wird, um dann getrocknet und gemahlen zu werden.

Von Xwejni bietet sich ein Spaziergang auf zügig ansteigender Straße hinauf zu dem gozitanischen Landstädtchen **Zebbug** (*Sebudsch*) an. Der Steilabfall des Tafelberges am Westrand des Ortes eröffnet ein schönes Panorama über den Westen der Insel. Weiter die Küste entlang kommt man, zuletzt allerdings nur auf Pfaden, zum *Wied tal-Ghasri*, einer einsamen, tief ins Land eingeschnittenen Schlauchbucht.

i Praktische Hinweise

Hotels

*****Calypso**, Marsalforn, Tel. 21562000, Fax 21562012, www.hotelcalypsogozo.com. Modernes, jüngst komplett renoviertes Großhotel mit Pool, Tennis, Squash, Disko, Wassersport, u.a. Tauchschule.

*****Il Plajja**, Volcano Street, Marsalforn, Tel. 21563425, Fax 21563427. Sehr komfortables Guesthouse mit schönem Meerblick, Restaurant, Pizzeria und Dachterrassenbar.

Restaurants

Auberge Ta'Frenc, ca. 2 km an der Straße nach Victoria, Tel. 21553888. Wunderbar renoviertes Bauernhaus mit eleganter Atmosphäre. Italienisch orientierte Küche, nur abends geöffnet.

TOP TIPP **Il-Kartell**, an der linken Hafenseite, Tel. 21556918. Gozische Küche in altem Gewölbesaal, am schönsten ist es aber direkt am Kai.

37 Xaghra und Ggantija

Traditionelles Dorf mit neolithischem Tempel.

Das idyllische Landstädtchen **Xaghra** (*Schahra*) auf einem ausgedehnten Hochplateau nordöstlich von Rabat (Victoria) zählt mit etwa 3200 Einwohnern zu den größten Orten Gozos. Zahlreiche neolithische Fundstellen (Santa Verna, Brocktorff's Circle, Ggantija) bezeugen hier eine Besiedlung mindestens seit dem Ende des 5. Jtd. v. Chr. Auf dem nahen Nuffara-Hügel zwischen Xaghra und Nadur wurde zudem eine bronzezeitliche Fluchtburg der Borg-in-Nadur-Phase ergraben, deren Keramik auf eine eigenständige Entwicklung Gozos hinweist.

Bei der Anfahrt von Rabat (Victoria) folgt man einer schönen Oleanderallee durch fruchtbare Felder, die sicher auch schon die bronzezeitlichen Menschen bestellten. Kurz hinter dem Ortseingang zeigt ein Wegweiser zu den Ggantija-Tempeln [s. u.], der bedeutendsten Se-

Die Karfreitagsprozession von Xaghra mit prächtiger Christusfigur ▷

VIRGINI NASCENTI

henswürdigkeit von Gozo. Geradeaus kommt man auf die große **Pjazza Vittorja**, die von der typischen Zweiturmfassade der *Pfarrkirche* aus dem 19. Jh. beherrscht wird. Zu Mariä Geburt, am zweiten Septemberwochenende, findet hier eine der größten Festas Gozos statt.

Vom Platz weisen Schilder zu zwei kleineren *Tropfsteinhöhlen*, auf die man bei der Errichtung von Zisternen stieß. **Ninu's Cave** (tgl. 9–18 Uhr) in der Triq Januar und **Xerri's Grotto** (tgl. 9–18 Uhr) an der Triq L-Ghar Ta' Xerri kann man heute besichtigen. Zu den angestrahlten Stalagmiten und Stalaktiten muss man durch die Privaträume der Besitzer gehen.

Südöstlich vom Platz, am Rand des Plateaus, steht die gut erhaltene Windmühle **Ta'Kola** (tgl. 9–17 Uhr, letzter Einlass 16.30 Uhr, www.heritagemalta.com), die Großmeister Vilhena 1724 zusammen mit denen von Nadur und Qala errichten ließ. Sie standen unter dem Getreidemonopol des Ordens und ersetzten die traditionellen, von Eseln angetriebenen Mühlen. Heute ist sie die einzige Maltas, die noch mit Leinwand bespannte Windflügel besitzt, auch das Mahlwerk funktioniert noch. Zudem ist hier ein mit Originalgegenständen ausgestattetes *Museum* untergebracht.

TOP TIPP Etwas weiter am Plateau-Rand liegen die Tempel von **Ggantija** (*Dschigantija*, tgl. 9–17 Uhr, letzter Einlass 16.30 Uhr, www.heritagemalta.com). Ein Teil der Anlage, die aus zwei parallelen, zweiachsigen Sakralkomplexen mit gemeinsamer Außenmauer besteht, zählt zu den ältesten Tempeln auf dem Archipel (3600–3200 v. Chr.). Aufgrund der aus der Erde ragenden Felsblöcke war die Kultstelle nie ganz in Vergessenheit geraten. Die mittelalterliche Bevölkerung, die sich solche Steinbauten nicht erklären konnte, deutete sie als Werk einer Riesin und gab dem Platz den heutigen Namen. 1824 begann man mit ersten Grabungen, als einzige Zeugnisse aus dieser Zeit dokumentieren die Brocktorff-Aquarelle [s. S. 105] den inzwischen verlorenen Skulpturenschmuck.

Die Tempel von Ggantija stellen die größte aller maltesischen Monumentalanlagen dar

Einen Rundgang beginnt man am besten mit dem älteren **Südtempel**. Dieses Bauwerk, dessen hintere kleeblattförmige Achse mit großem Kopfbereich aus der Zeit um 3600 v. Chr. stammt, wurde um 3200 v. Chr. um die vorderen Raumbuchten erweitert. Bevor man jedoch den Eingang passiert, lohnt sich ein Blick auf die *Fassade*, deren Mittelteil heute zusammengebrochen auf dem Vorhof liegt. Besonders auffällig ist hier die Verwendung von Korallenkalk (und nicht von Globigerinenkalk wie sonst zumeist), der an dieser Stelle leichter zu gewinnen war. Eine gute Vorstellung von der ursprünglichen Höhe der Fassade gibt ihre noch bis zu 6 m aufragende linke Ecke.

Eine riesige Steinplatte, die als Altar diente, liegt vor dem **Eingangstrilith**, dessen Deckstein allerdings fehlt. Dahinter öffnet sich der *vordere Trakt*, dessen linke Apsis Reste des Torba-Bodens aufweist, eine Art neolithischer Beton aus Lehm und gemahlenem Kalkstein vermischt mit Wasser. In der rechten Apsis sind noch Blöcke der ursprünglichen Kultausstattung erhalten, mit Altarschwellen und schwach spiralig reliefierten Orthostaten. Mit einer Breite von etwa 23 m und noch bis 6 m Höhe erhaltenen Wänden ist der *hintere Trakt* einer der größten Säle aller Tempel. Dem Mauerwerk links ist ein Doppeltrilith-Altar vorgesetzt, rechts erkennt man eine Feuerstelle.

Der kleinere **Nordtempel** ist weitgehend leer. Die einstmals vorhandenen reliefierten Altarsteine wurden nach der Freilegung vermutlich als Baumaterial abtransportiert. Eine Meisterleistung der chalkolitischen *Steinmetzkunst* sind die beachtlich exakt gefertigten Werksteine der Durchgänge. Die beiden Orthostaten des inneren Korridors etwa wurden mit

Mit Schirm, Charme und Liege – buntes Strandvergnügen an der Ramla Bay auf Gozo

konvexen Oberflächen versehen und zur Basis hin schmaler behauen. Dennoch stehen die ohne Abstützung aufgestellten Steine scheinbar unumstößlich fest auf ihrem Platz.

Ein erstaunliches Zeugnis der technischen Fähigkeiten der damaligen Zeit ist auch die **Außenmauer**, die besterhaltene aller maltesischen Tempel. Besonders an der Rückseite des Bauwerks sind die gigantischen Ausmaße der verwendeten Steine zu bewundern. Der größte ist 5,70 m breit, etwa 3, 80 m lang und wiegt 57 t. Diese monumentalen Blöcke wurden auf Steinkugeln transportiert (einige sind noch vor der Fassade zu sehen). Am Bauplatz ließ man sie über Rampen in eine vertikale Lage rutschen und setzte anschließend mit Hilfe von weiteren Erdaufschüttungen die oberen Steine auf. Sämtliche Feinarbeiten wurden erst ausgeführt, nachdem die Steine aufgestellt waren.

i Praktische Hinweise

Restaurants

Gesther, Vjal it-8 ta Settembru, Xaghra, Tel. 21556621. Gozische Gerichte aus der Küche der beiden Schwestern Gemma und Esther.

Oleander, 10 Pjazza Vittoria, Xaghra, Tel. 21557230. Das einfach eingerichtete Lokal mit typisch maltesischer Speisekarte liegt direkt im Dorfzentrum und ist bekannt für seine leckeren Kaninchengerichte (Mo geschl.).

38 Ramla Bay und Calypso's Cave

Der Strand, wo Odysseus weinte.

TOP TIPP

Den besten Strand Gozos besitzt die **Ramla Bay** an der Nordküste. Auf dem leicht rötlich schimmernden flachen Sandstreifen am Ausgang eines hübschen, fruchtbaren Tals kommt im Sommer, wenn die beiden improvisierten Restaurants und die Sonnenschirmverleiher gute Geschäfte machen, richtige Ferienstimmung auf.

Auf den Höhen im Westen über der Bucht liegt **Calypso's Cave**, die legendäre Grotte der Nymphe, deren hintere Partien heute allerdings verschüttet sind. Im Eingangsbereich hat man neolithische Artefakte entdeckt, die zumindest beweisen, dass die Höhle ursprünglich als Kultstätte gedient hat. Für *Odysseus* war sie letzte Station seiner 20-jährigen Irrfahrt nach dem Aufbruch vom besiegten Troja, die ihn weit in den Westen des Mittelmeers geführt und schiffbrüchig an die Küste Ogygias [s. S. 102] verschlagen hatte. Sollte der listenreiche Odysseus tatsächlich hier jene sieben Jahre in der Gefangenschaft der Kalypso verbracht haben, hätte er sich doch immerhin damit trösten können, einen der schönsten Flecken der maltesischen Inseln erwischt zu haben.

Hatte Odysseus noch das Problem, wie er von der Grotte fortkommen könne, waren die Inselbewohner im Mittelalter

Einsame Wacht vor atemberaubender Kulisse – am Rand der Steilküste von Ta'Cenc erinnert der Xlendi Tower an die Ritterzeit, als Piraten die Insel unsicher machten

eher darauf bedacht, ungebetenen Gästen, Piraten nämlich, den Zutritt zu verwehren. Spuren einer ungewöhnlichen Schutzvorrichtung sind von der Anhöhe gut zu erkennen. Im Wasser verläuft parallel zum Strand der Rest einer **Mauer**, mit der die flache Bucht abgesperrt worden war. Diese Anlage wurde ergänzt durch mehrere in den Fels geschlagene ›Steinmörser‹, die bei einem Landungsversuch feindlicher Schiffe gezündet werden konnten. Im 17. Jh. errichteten die Johanniter schließlich noch eine **Redoute**, eine damals mit Kanonen bewehrte Bastion, deren Fundamente noch zu sehen sind.

39 Xlendi, Munxar und Sannat

Ferienstädtchen in langer Fjordbucht und verträumte Dörfer.

Von Rabat (Victoria) Richtung Xlendi gelangt man im Vorort **Fontana** zunächst zur *Ghajn il-Kbir* (›große Quelle‹) mit zwei Waschhäusern, die der deutsche Ritter Wolfgang Philipp von Guttenberg stiftete. Ein Stopp lohnt zum Besuch des *Fontana Cottage Industry* (Xlendi Road, Tel. 21556687), eines Souvenirgeschäfts, das u.a. handgeklöppelte Gozospitze anbietet.

Xlendi (*Schlendi*), früher der Fischerhafen der Orte Kercem und Munxar, ist inzwischen zu einem gemütlichen Badeort herangewachsen. In den letzten Jahren wurden auf der Höhe über den schmalen, pastellfarben angemalten Fischerhäusern zahlreiche Apartmentanlagen gebaut, die nun atemberaubend über der engen Bucht thronen. Der lange schlauchförmige Meeresarm war schon in der Antike ein beliebter Ankerplatz, wie die Funde zweier *Schiffswracks* aus römischer Zeit gezeigt haben. Heute kann man Xlendi fast als Badeanstalt von Rabat (Victoria) bezeichnen: Auf den langen *Felsplateaus*, die sich von der Statue des hl. Andreas am Hafen bis weit hinaus in den Fjord ziehen, sonnen sich Tagesausflügler neben gozischen Familien. Erst weiter draußen bei den von der Erosion eigenwillig ausgeschliffenen Globigerinenfelsen unterhalb des *Wachturms* aus der Johanniterzeit wird es einsamer. Im Gegensatz zu Marsalforn, das erst am Abend richtig lebendig wird, ist es in Xlendi nach dem Badeverkehr eher still. Jedoch liegt kaum 1 km entfernt die Disco *La Grotta* über den mausgrauen Felsen des Xlendi-Tals, die beste von ganz Gozo.

Über das bäuerlich geprägte Dorf **Munxar** (*Munschar*), wo die Frauen noch immer vor den Häusern Spitzen klöppeln, fährt man hinauf zum Hochplateau von Ta'Cenc [s. u.]. Der Name des stillen Dorfs **Sannat** mit einer Pfarrkirche von 1718 wird von der arabischen Wurzel ›sinet‹ abgeleitet, was ›unfruchtbares Land‹ be-

Erhaben und unangreifbar – die bis zu 145 m senkrecht ins Meer abfallenden Steilklippen von Ta'Cenc sind eine der Hauptattraktionen auf Gozo

deutet und als Beschreibung des Plateaus durchaus zutrifft. Über das karge Ödland klingen die Glocken der *Ziegenherden*, die bis zum Zweiten Weltkrieg ja auch noch das Landschaftsbild der beiden maltesischen Inseln prägten. Sie wurden von wandernden Schäfern durch die Orte getrieben und von den Frauen vor ihrer Haustür nach Bedarf gegen ein Entgelt gemolken. Ihr vergleichsweise radikales Verschwinden ist zum einen auf die Hungersnot im Krieg zurückzuführen, zum anderen auf Verordnungen der Briten, da die Tiere das einst berüchtigte Malta-Fieber, die Brucellose, übertrugen. Weiter östlich, hinter dem Nobelhotel Ta'Cenc, sind auf Streifzügen ein bronzezeitlicher **Dolmen**, Reste des neolithi-

Kein alltäglicher Anblick – wie in alten Tagen ziehen auf Gozo noch heute Schäfer mit ihren Ziegen- und Schafherden über das Land auf der Suche nach den saftigsten Weideplätzen

Feine Kunst – Spitzenklöpplerin in Munxar

schen Tempels **Borg l'Imramma** und auch bronzezeitliche **Schleifspuren** (›Cart ruts‹) im felsigen Boden zu entdecken. Das beeindruckendste Erlebnis ist jedoch der Blick über die gut 145 m senkrecht abfallenden Klippen der Steilküste von **Ta' Cenc** (*Ta-tschentsch*).

i Praktische Hinweise

Hotels

*******Ta Cenc**, Sannat, Tel. 21561522, Fax 21558199, www.vjborg.com. Idyllisch abgelegene Bungalow-Anlage über der Steilküste, Pool, Tennis, Tauchkurse; Kleinbusse zu eigener Strandbucht.

******St. Patrick's**, Xlendi, Tel. 21562951, Fax 21556598, www.vjborg.com. Fünfstöckiger, recht komfortabler Neubau direkt am Hafen der Xlendi Bay.

Restaurants

La Laguna, St. Andrews Street, Xlendi, direkt hinter der Statue des hl. Andreas, Tel. 21571146. Kleines Restaurant im maltesischen Bauernhausstil; eher familiärer Service, aber gutes Essen.

Stone Crab, Triq ix-Xatt, Marina Street, Xlendi, Tel. 21556400. Einfaches Fischer-Lokal, dessen Besitzer noch selbst aufs Meer hinaus fährt. Fischgerichte und Pizzas.

40 Gharb und Ta'Pinu

Von der schönsten Barockfassade Maltas zur Kirche eines Marienwunders.

Rund um **Gharb** (*Aarb*) gibt es im Gegensatz zum Osten Gozos noch kaum Neubauten, der etwas rückständige Charak-

Alte Tradition und beliebtes Souvenir – die Qualität der auf Gozo hergestellten mundgeblasenen Glaswaren ist über die Landesgrenzen hinaus berühmt

Heilige Stätte und Ort der Heilung – die einsam in der Landschaft errichtete Wallfahrtskirche Ta'Pinu bei Gharb ist das bedeutendste Pilgerziel auf den maltesischen Inseln

ter macht aber auch den Reiz des Dorfes aus. Den Dorfplatz mit einem mittelalterlichen Steinkreuz beherrscht die Kirche **Madonna Tal-Virtut**, die schönste aller Barockkirchen von Malta und Gozo. Architekt war *Giuseppe Azzopardo*, dessen Bau 1729 geweiht wurde. Aufwendiger Schmuck mit ionischen und dorischen Pilastern, einem gesprengten Mittelgiebel, Voluten, Nischen mit Heiligenstatuen und die beiden Cherubime am Portal beweisen die Fähigkeiten der gozischen *Scalpellino*, der Steinschneider, deren Werke auch an neueren Gebäuden zu bewundern sind. Anfang Juli kann man hier eine noch sehr ursprüngliche Festa erleben. Am Dorfplatz zeigt das kleine **Gharb Folklore Museum** (Mai–Okt. Mo–Sa 9.30–16, Nov.–April 9.30–15 Uhr) in einem alten Bauernhaus aus dem frühen 18. Jh. ländliche Arbeitsgeräte und Mobiliar.

Weithin sichtbar überragt der frei stehende Glockenturm der Basilika **Ta'Pinu** mitten in den Feldern etwa 1km nordöstlich von Gharb die Landschaft. Wo sich nun diese bedeutendste Wallfahrtskirche Maltas erhebt, stand ursprünglich eine Kapelle aus dem 16. Jh., in der die Bäuerin *Karmni Grima*, eine 45-jährige Jungfer, am 22. Juni 1883 die Stimme der Muttergottes hörte. Innerhalb kurzer Zeit häuften sich die Berichte von Wundern und Heilungen an dieser Stelle, und immer mehr Menschen pilgerten nach Ta'Pinu. Doch erst 1920, nach der päpstlichen Anerkennung der heiligen Stätte, begann man mit der Errichtung des heutigen Kirchengebäudes. Ein Besuch lohnt sich vornehmlich für gläubige Katholiken – auf jeden Fall sollten die religiösen Gefühle der Malteser in dem Gotteshaus respektiert werden.

Am Abzweig vor Gharb nach San Lawrenz kommt man zum **Ta'Dbiegi Crafts Centre**, das die gesamte Palette der Malta-Souvenirs anbietet; auch die Firma Gozo Glass (Mo–Sa 9.30–17 Uhr) betreibt hier eine Verkaufsausstellung.

i Praktische Hinweise

Restaurant

Salvina's, 21 Frenc ta' l-Gharb Street, Gharb, rechts hinter der Kirche, Tel. 21552505. Fast ein Geheimtipp ist das kleine Restaurant, dessen traditionelle gozische Küche für manche Malteser Anlass genug ist, nach Gozo hinüberzufahren (Do geschl.).

41 Dwejra Bay

Kliffküste mit bizarren Felsformationen.

Nach Dwejra (*Duweira*) mit der **Inland Sea** an der Westküste Gozos fährt man vom Dorf San Lawrenz durch das einsame, steinige *Wied Ilma* hinunter. Das

›Binnenmeer‹, das ein etwa 100 m senkrecht aufragender Felsen einrahmt und durch einen Tunnel mit dem Meer verbunden ist, bietet den Fischern einen absolut sicheren Ankerplatz für ihre Boote. Heute ist die Stelle als Badeplatz beliebt, auch wenn es dort außer zwei Snack Bars nur Felsen und Wasser gibt. Eindrucksvoll ragt das **Azure Window** ins Meer hinaus: Als hätte hier ein Riese mit Bauklötzen gespielt, scheint mit der 100 m langen mächtigen Felsplatte, deren Enden auf dem Festland und einem Gesteinsblock im Meer ruhen, ein Fenster entstanden zu sein. Die **Bootstour** durch den Kanal sollte man nicht verpassen, schon die Ausfahrt durch die enge Felsspalte ist ein Erlebnis. Schöne Exemplare der bronzezeitlichen Schleifspuren Maltas (›Cart ruts‹) findet man am Hang direkt an der Steilküste vor dem Azure Window. Viele Leute klettern auch über den Bogen – obwohl es heißt, dass das Verbindungsstück in naher Zukunft einbrechen soll.

Nur schwimmend, aber auch das könnte gefährlich enden, wäre der **Fungus Rock**, maltesisch *Gebla tal-General*, zu erreichen. Auf diesem steil emporragenden Felsblock einige Dutzend Meter vor der Küste wächst eine pilzähnliche Schwammpflanze (*Cynomorium coccineum*), deren dunkelroter Extrakt am Hospital des Johanniterordens [s. S. 38] zur Blutstillung verwendet wurde. Seit dem 17. Jh. zogen die Ritter aber auch nicht unerhebliche Einkünfte aus diesem Wundermittel, das als *Malteserschwamm* an die von der Bluterkrankheit geplagten europäischen Adelshöfe verkauft wurde. Die Großmeister ließen ihren ›Schatz‹ daher Tag und Nacht bewachen und errichteten auch einen Kontrollturm an der Küste. Die einzige Verbindung zu dem Felsen bildete ein an Seilen gezogener Korb. Wenn man auf die Klippen vor dem meerumtosten Block klettert, findet man noch die Spuren dieser Vorrichtung.

42 Comino

Badeidylle an der blauen Lagune.

Das lediglich 2,5 km^2 kleine Inselchen Comino zwischen Malta und Gozo besitzt fast keine Vegetation, die kargen, thymianbewachsenen Geröllfelder legen nur im Frühjahr ein Blütenkleid an. Seinen Namen verdankt das Eiland jedoch dem Kreuzkümmel, maltesisch ›Kemmuno‹, der im Mittelalter hier angebaut worden sein soll. Unter den Johannitern war Comino als Schlupfwinkel für Piraten berüchtigt, die sich hier auf die Lauer legten, um die von Sizilien kommenden Handelsschiffe zu überfallen. Daher ließ Alof de Wignacourt 1618 an der höchsten Stelle den **Comino Tower** errichten. Der

◁ *Von schäumender Brandung umtostes Wunder der Natur – Azur Window*

Vom vorgelagerten Felsen *Cominotto* geschützt, schimmert das kristallklare Wasser über flachem Sandboden helltürkis auf. An der Küste von **Cominotto** erkennt man die Ruinen eines bislang nicht datierten Hauses und einer Freitreppe, die im Wasser der Lagune endet – vielleicht war dies die Eremitenunterkunft des jüdischen Mystikers *Abraham Abulafia*. Der Verfasser des kabbalistischen ›Buchs der Zeichen‹, der das Projekt verfolgte, Christen, Muslime und Juden zu versöhnen, verbrachte die letzten Tage seines Lebens Ende des 13. Jh. auf Comino, nachdem er für seinen Versuch, den Papst zum Judentum zu bekehren, fast auf dem Scheiterhaufen gelandet war. Beim Baden sollte man hier auf die starken Strömungen achten.

Wachturm wurde mit 130 Soldaten bemannt und mit 18 Kanonen bestückt – ein sicherlich mächtiger Schutz vor Angriffen. Etwa gleichzeitig entstand auf der anderen Seite der Insel die Kapelle **St. Marija** in der nach ihr benannten Bucht mit feinem Sandstrand.

Im Westen Cominos und von der Anlegestelle in der *San Niklaw Bay* zu Fuß schnell erreichbar, liegt die **Blue Lagoon**.

i Praktische Hinweise

Fähren stdl. von Cirkewwa/Malta und etwa 5 x tgl. von Mgarr/Gozo.

Hotel

TOP TIPP ****Comino Hotel**, San Niklaw Bay, Tel. 21 52 98 21, Fax 21 52 98 26, www.cominohotels.com. Einsam gelegenes Hotel mit einer Bungalowanlage (Nautico). Zehn Tennisplätze mit Kursen für Anfänger und Fortgeschrittene, Surfen, Wasserski, Segeln und eine Tauchbasis.

Ferienstimmung pur auf Comino

TOBACCONIST

DOLPHIN CRUISES

Rothmans
Coconut GROVE

Malta aktuell A bis Z

Vor Reiseantritt

ADAC Info-Service:
Tel. 0 18 05/10 11 12, Fax 0 18 05/30 29 28 (0,12 €/Min.)

ADAC im Internet:
www.adac.de
www.adac.de/reisefuehrer

Malta im Internet:
www.visitmalta.com
www.urlaubmalta.com

Informationen erteilen auch:

Deutschland
Fremdenverkehrsamt Malta,
Schillerstr. 30–40,
60313 Frankfurt/Main,
Tel. 069/28 58 90, Fax 069/28 54 79,
info@urlaubmalta.com

Österreich
Fremdenverkehrsamt Malta,
Opernring 1/E/3, 1010 Wien,
Tel. 01/5 85 37 70, Fax 01/5 85 37 71,
wien@urlaubmalta.com

Schweiz
Fremdenverkehrsamt Malta,
Sumatrastr. 25, 8023 Zürich,
Tel. 01 35 03 983, Fax 01 35 03 984,
switzerland@urlaubmalta.com

Allgemeine Informationen

Reisedokumente

Für einen Aufenthalt bis zu drei Monaten genügt für EU-Bürger und Schweizer ein Personalausweis oder Reisepass, für Kinder wird ein Ausweis mit Lichtbild empfohlen. Wer länger auf Malta verweilen möchte, benötigt ein Visum.

Kfz-Papiere

Führerschein, Fahrzeugschein und Internationale Grüne Versicherungskarte. Zusätzlich wird eine Vollkasko- und Insassenunfallversicherung empfohlen.

Krankenversicherung und Impfungen

Seit dem 1. Januar 2006 ist die **Europäische Krankenversicherungskarte** in die übliche Versicherungskarte integriert. Sie wird in ganz EU-Europa anerkannt und garantiert die medizinische Versorgung.

Sicherheitshalber empfiehlt sich jedoch der Abschluss einer zusätzlichen **Reisekranken-** und **Rückholversicherung**. Besondere Krankheiten drohen nicht, allerdings ist Tetanus-, Polio- und Diphtherie-Schutz durchaus ratsam.

◁ *Auf Malta ist viel geboten: Kulinarisches aus dem Meer* **(oben links)**, *Shoppingfreuden in alten Läden* **(oben rechts)** *oder auf dem Markt* **(unten links)**, *fröhliche Bootsausflüge* **(Mitte)** *und natürlich Night Fever in San Giljan/St. Julians* **(unten rechts)**

Hund und Katze

Für **Hunde und Katzen** ist bei Reisen innerhalb der EU ein gültiger, vom Tierarzt ausgestellter EU Heimtierausweis vorgeschrieben, ebenso Kennzeichnung durch Mikrochip oder Tätowierung. Bis zum Jahr 2011 gelten Übergangsregelungen. Informationen erteilt **Malta Veterinary Services**, Tel. 21 22 53 63 oder www.defra.gov.uk.

Zollbestimmungen

Reisebedarf für den persönlichen Gebrauch obliegt innerhalb der EU keinen Beschränkungen und darf abgabenfrei eingeführt werden. Richtmengen für den Privatreisenden: 800 Zigaretten, 400 Zigarillos, 200 Zigarren, 1 kg Tabak, 10 l Spirituosen, 20 l Zwischenerzeugnisse, 90 l Wein (davon maximal 60 l Schaumwein), 110 l Bier.

Bei Reisen von und durch Drittländer (Schweiz) dürfen zollfrei mitgeführt werden: 1 Stange Zigaretten, 1 l Spirituosen über 22% oder 2 l Spirituosen unter 22%, 50 ml Parfum, 250 ml Eau de Toilette, 500 g Kaffee und 100 g Tee.

Die Einfuhr von *Fleischwaren* aller Art (auch Konserven und Wurst) nach Malta ist verboten.

Geld

Die Währung der Republik Malta ist die Maltesische Lira (LM) – im Land englisch *Pound* genannt – zu 100 Cents. In Umlauf sind Münzen zu 1c, 2c, 5c, 10c, 25c, 50c und 1 LM sowie Scheine zu 2 LM, 5 LM, 10 LM und 20 LM. Devisen aus Mitgliedsländern der EU dürfen uneingeschränkt eingeführt werden, Fremdwährungen über einem Gegenwert von 5000 LM müssen deklariert werden. Allerdings geben auswärtige Banken beim Tausch von maltesischer Währung viel schlechtere Kurse, als sie im Land üblich sind. Der Beitritt des Landes zur Euro-Zone ist frühestens für 2008 geplant.

Kreditkarten werden in Banken, größeren Hotels, Geschäften, in vielen Restaurants und bei Autovermietern akzeptiert. An zahlreichen **Geldautomaten** kann man mit EC/Maestro-Karten rund um die Uhr Geld abheben.

Tourismusämter im Land

Zentrale Informationsstelle für Malta: **Malta Tourism Authority**, Head Office, Auberge d'Italie, Merchants Street, Valletta, Tel. 22 91 50 00, Fax 22 91 58 93, info@visitmalta.com

In den größeren Orten finden sich Fremdenverkehrsämter, in denen man Informationsbroschüren und Veranstaltungskalender sowie Fahrpläne für Busse und Fähren erhält. Die Adressen sind bei den jeweiligen Orten im Haupttext unter *Praktische Hinweise* angegeben.

Notrufnummern

Allgemeiner Notruf: Tel. 112

Polizei: Tel. 191

Feuerwehr: Tel. 199

Ambulanz: Tel. 196

Abschleppdienst: Tel. 21 32 03 49 (Pannendienste gibt es auf Malta nicht)

ADAC-Notrufzentrale München: Tel. 00 49/89/22 22 22 (rund um die Uhr)

ADAC-Ambulanzdienst München: Tel. 00 49/89/76 76 76 (rund um die Uhr)

Österreichischer Automobil Motorrad und Touring Club
ÖAMTC Schutzbrief-Nothilfe: Tel. 00 43/(0)1/2 51 20 00

Touring Club Schweiz
TCS Zentrale Hilfsstelle: Tel. 00 41/(0)2 24 17 22 20

Diplomatische Vertretungen

Deutschland

Botschaft der Republik Malta, Klingelhöferstr. 7, 10785 Berlin, Tel. 030/26 39 11-0, Fax 26 39 11-23, maltaembassy.berlin@gov.mt

Botschaft der Bundesrepublik Deutschland, Il Piazetta Bld., Triq it-Torri (Tower Road), Sliema, Tel. 21 33 65 31, Fax 21 34 12 71, germanembassy@kemmunet.net.mt

Österreich

Botschaft der Republik Malta, Opernring 5, 1010 Wien, Tel. 01/586 50 10, Fax 58 65 01 09, maltaembassy.vienna@gov.mt

Botschaft, Ta'Xbiex Seafront, Valletta, Tel. 23 27 90 00, Fax 21 31 74 30, austrianconsulate@maltanet.net

Schweiz

Konsulat der Republik Malta, 26 Parc Chateau Banquet, 1202 Genf, Tel. 022/9 01 05 80, Fax 7 38 11 20, mission.malta-gva@ties.itu.int

Generalkonsulat, 6 Triq iz-Zakkarija, Valletta, Tel. 21 24 41 59, Fax 21 23 77 50, info@elcol.com.mt

Elektrizität

Die Netzspannung beträgt 240 Volt. Es werden englische Steckdosen verwendet, ein Adapter ist sinnvoll.

Gesundheit

Das Gesundheitswesen Maltas entspricht dem heimischen Standard, speziell benötigte **Medikamente** sollte man jedoch ausreichend mitbringen.

Gegen die **Sonnenstrahlung** sind hoch dosierte Schutzcremes dringend zu empfehlen. Als Schutz vor den häufig scharfkantigen Felsen sind **Badeschuhe** ratsam.

Das **Trinkwasser** wird zu einem Großteil aus Meerwasser gewonnen und hat daher oft einen leichten Beigeschmack.

Apotheken (*Pharmacie*) sind an einem grün leuchtenden Kreuz erkennbar und meist Mo–Sa 9–12.30 und 16–19 Uhr geöffnet. *Notdienst* in größeren Orten So bis 12 Uhr (Auskunft in Sonntagszeitungen oder an Hotelrezeptionen).

Krankenhäuser gibt es bei *Sliema* (St. Luke's Hospital, St. Luke's Road, G'Mangia, Tel. 21 24 12 51) sowie in *Rabat* (Victoria) auf Gozo (Craig Hospital, Tel. 21 56 16 00).

Besondere Verkehrsbestimmungen

In Malta wird links gefahren und rechts überholt. Alle Leihwagen sind rechts gesteuert. Im Kreisverkehr (*Round about*) gilt ›rechts vor links‹, auch wenn sich viele Malteser so verhalten, als hätten sie beim Hineinfahren Vorfahrt!

Die **Höchstgeschwindigkeit** innerhalb von Ortschaften beträgt 50 km/h, auf Landstraßen 80 km/h.

Alkohol am Steuer ist absolut verboten.

Anreise

Auto

Die Anreise mit dem eigenen Fahrzeug dauert etwa drei Tage, der am schnellsten erreichbare Fährhafen ist Genua (mit Umsteigen in Neapel/Salerno).

Bahn und Autoreisezug

Mit der Bahn kann man mehrmals täglich von München oder Basel bzw. Zürich via Rom (dort umsteigen) nach Neapel fahren; die Fahrt dauert mindestens 15 Stunden (Weiterfahrt mit der Fähre). Im Sommer verkehrt ein Autoreisezug zwischen München und Neapel.

Fahrplanauskunft:

Deutschland
Deutsche Bahn, Tel. 118 61 (gebührenpflichtig), 08 00/1 50 70 90 (sprachgesteuert), www.bahn.de

Deutsche Bahn AutoZug, Tel. 018 05/24 12 24, www.autozug.de

Österreich
Österreichische Bundesbahn, Tel. 05 17 17, www.oebb.at

Schweiz
Schweizerische Bundesbahnen, Tel. 09 00 30 03 00 (gebührenpflichtig), www.sbb.ch

Flugzeug

Pauschalbuchungen sind einfach und relativ preiswert. Spezialisierte Anbieter (auch Sprachreisen) sind FTI und Malta Direkt, ein Ableger der Air Malta. Wer auf eigene Faust reist, findet im Internet oft sehr günstige Charterflüge.

Die Air Malta fliegt in gemischtem Linien- und Charterverkehr tgl. ab Frankfurt sowie wöchentlich ab anderen großen Flughäfen im deutschsprachigen Raum. Außerdem fliegen z. B. auch Lufthansa, Condor und Air Berlin nach Malta.

Der **Malta International Airport** (www.maltairport.com) liegt etwa 6 km südlich von Valletta. Im Airport-Gebäude sind die Touristeninformation (Vermittlung von Hotels), Mietwagenagenturen und zwei Wechselbüros zur Flugankunft geöffnet.

Busverbindung von und nach Valletta besteht mit der Linie 8: Fahrtzeit etwa 30 Min., Abfahrt alle 20 Min. Die *Haltestelle* liegt auf der Departure-Halle. Per *Taxi* kann man ebenfalls weiterkommen, doch sind diese auf Malta generell sehr teuer. Für Fahrten ab Airport muss man am Schalter in der Arrival-Halle ein Ticket zu festgelegten Preisen kaufen.

Flugauskunft, Tel. 50 04 33 33

Lufthansa, Malta International Airport, 2. Stock, Tel. 21 25 20 20, Fax 21 24 70 52, www.malta.lufthansa.com

Air Malta, City Gate Arcades, Valletta, Tel. 21 24 06 86, Fax 21 23 68 19, www.airmalta.com

Schiff

Regelmäßige Fährverbindungen gibt es ab Reggio di Calabria (15 Std., einmal pro Woche) und Catania (12 Std., zweimal pro Woche). Wer sich die Anreise durch Italien sparen will, kann auch die Autofähre von Genua nach Palermo nutzen.

Auskünfte über die Routen der Reederei **Ma-re-si** erteilt die Fahragentur Neptunia, Bodenseestr. 3 a, 81241 München, Tel. 01805/316191 (12 ct./Min), www.neptunia.de, Ma-re-si Shipping, 131 East Street, Valletta, Tel. 21 23 32 27, www.ma-re-si.com oder SMS, 27 Birkirkara Hill, San Giljan (St. Julian's), Tel. 21 32 06 20 oder 21 23 22 11, www.sms.com.mts.

Erbstücke aus der Zeit der Briten – die roten Telefonzellen fallen ins Auge

Bank, Post, Telefon

Bank

Banken und Wechselstellen sind in allen größeren Orten vorhanden. Banken sind in der Regel Mo–Fr 8.30–12.30, Di/Fr auch 14.30–16, Sa 8.30–11.30 Uhr, im Sommer nur bis 11.30 Uhr geöffnet. Darüber hinaus bieten einige Filialen in den Touristenorten bis 18 Uhr auch einen **Wechseldienst**. Private Wechselstellen von Thomas Cook oder Fexco sind meist 9–13 und 15–19 Uhr geöffnet.

Die günstigste Art Landeswährung zu bekommen, ist der Tausch von Bargeld; Banken akzeptieren zudem **Traveller Cheques**, doch ist der Kurs bei Thomas Cook oder Fexco oft besser. Oder man nutzt einen der zahlreichen **Bankautomaten**, an denen man mit EC/Maestro- und Kreditkarten Geld abheben kann. ›Quick Change‹-Automaten wechseln auch ausländisches Papiergeld.

Post

Es ist ratsam, Briefe und Karten direkt bei einer Postdienststelle aufzugeben, denn manche der Postkästen werden nur unregelmäßig geleert.

Reguläre **Öffnungszeiten** der Postämter sind ganzjährig Mo–Sa 7.45–12.30 Uhr, die Zweigstelle am Malta International Airport schließt erst um 19 Uhr.

Die **Hauptpost** von Malta ist in *Valletta* am Castille Place neben dem St. James' Cavalier (Mo–Fr 8.15–16.30, Sa bis 12.30 Uhr). Weitere **Postämter** gibt es z.B. in *Sliema*, Triq Manwel Dimech – *San Giljan (St. Julians)*, Triq San Gorg und 21/1 Wilga Street. – *Bugibba/Qawra*, Triq il-Bajjar – *San Pawl il-Bahar (St. Paul's Bay)*, Triq San Pawl – *Rabat (Victoria)/Gozo*, Triq Ir-Repubblika.

Telefon

Internationale Vorwahlen:
Malta 00356
Deutschland 0049
Österreich 0043
Schweiz 0041

In Malta gibt es keine Vorwahlnummern. Besonders für Ferngespräche empfiehlt sich die Benutzung einer Telefonzelle, da Hotels meist sehr hohe Gebühren verlangen. Fast alle Telefonzellen sind mit ›Cardphones‹ ausgerüstet und direkt an das internationale Netz angeschlossen. **Telefonkarten** zum Preis von 3 und 4 ML sind in Supermärkten oder an Kiosken erhältlich. *Reduzierte Tarife* gelten ab 21 Uhr und am Sonntag.

Die Benutzung handelsüblicher **GSM-Mobiltelefone** ist in ganz Malta möglich. Man sollte sich jedoch vor Reiseantritt über das günstigste Netz vor Ort informieren und das eigene Mobiltelefon entsprechend einstellen.

Einkaufen

Öffnungszeiten: Geschäfte sind meist Mo–Sa 9–13, 15–19 Uhr geöffnet. Märkte finden zumeist vormittags statt (in Marsaxlokk auch am Nachmittag), die Handwerkerdörfer schließen in der Regel schon gegen 16 Uhr.

Malta bietet eine breite Palette mehr oder weniger landestypischer Souvenirs, die man auf **Märkten** und in spezialisier-

Der It-Tokk in Rabat (Victoria) bietet Handgestricktes, Klöppelspitze und manches Allerlei

Süße Leckereien – türkischer Honig ist nicht nur bei den Einheimischen ein beliebtes Naschwerk, sondern wird auch von den Feriengästen gerne als Mitbringsel gekauft

Souvenir, Souvenir

Maltas historisch bedeutendstes Produkt ist die **Klöppelspitze**, die heute vor allem noch auf Gozo gefertigt wird, natürlich aber auch auf Malta (u.a. auf dem Marsaxlokk-Markt) erhältlich ist. Angeboten werden hauptsächlich Tischdecken aus Baumwolle und Leinen mit Spitzenapplikationen, kleine Zierdeckchen und Servietten. In Heimarbeit entstehen außerdem **Strickwaren** wie Pullover oder Stolas, hier sollte man allerdings genau das Material prüfen, da häufig Acryl-Fasern Verwendung finden.

Die **Keramik** orientiert sich heute an italienischen Vorbildern oder ist ganz auf die Souvenirproduktion ausgerichtet. Neben Vasen und verzierten Kacheln werden vor allem religiöse Motive hergestellt, Heiligenfiguren etwa oder Marien- und Krippenszenen, die man überall als Dekoration an den maltesischen Häusern sieht. Letztere werden aber nicht in den Touristenorten, sondern nur in den Wohnstädten der Malteser angeboten, etwa in Birkirkara oder Hamrun.

Italienisch inspiriert ist auch das **mundgeblasene Glas**, das man am besten in den Fabriken von Phoenician Glass Blowers, Mtarfa Glass und Mdina Glass im Ta'Qali Crafts Village (wo man den Glasbläsern zusehen kann) oder von Gozo Glass am Ortsrand von Gharb bekommt. Die Palette reicht von Vasen, Kerzenständern oder Schalen und Tellern bis zu Briefbeschwerern aus farbig schillerndem Glas. Steinschneidearbeiten aus **Onyx** sind in einer ähnlich breiten Auswahl erhältlich.

Auf alte Traditionen geht hingegen die Verarbeitung von Silber und Gold zu kunstvollem **Filigranschmuck** zurück. Zahlreiche Juweliere, die teils seit vielen Generationen hier tätig sind, findet man an der St. Lucia Street in Valletta. Souvenirs von anno dazumal sind auch **Türklopfer**, traditionell in Delphinform, schmiedeeiserne Arbeiten und sehr bunte Taschen oder Decken aus gewebter Wolle. Hübsche Motive aus dieser Zeit kann man zudem festgehalten auf **Aquarellen** oder **Stichen** mit nach Hause nehmen: Wer an besonderen Sujets interessiert ist, schaue einmal in die Läden an der oberen Strait Street, etwa bei Galea oder Brincat. Und kulinarische Genießer werden sich für den hervorragenden würzigen **Thymian-Honig** oder selbsteingelegte **Kapern** erwärmen.

Aber auch für die Produkte des ›Modern way of life‹ bietet Malta günstige Einkaufsmöglichkeiten. Italienische, britische und US-amerikanische **Mode** ist in Geschäften an der Republic Street und Zachary Street in Valletta sowie in Sliema recht günstig zu bekommen. Vor den billigen **DVDs** und **CDs**, die auf allen Märkten zu haben sind, sei gewarnt: Häufig sind es Raubkopien minderer Qualität, außerdem kann man sich damit Schwierigkeiten beim Zoll einhandeln.

Maltesische Spezialität – mit Kapern, Ei und Schinken gefüllte Rouladen

Kleines Einmaleins der Esskultur

In allen Urlaubsorten findet man heute eine große Auswahl an Restaurants, von Pizzerien bis hin zu exklusiven Gourmet-Tempeln mit den entsprechenden Preisen. Die besseren Lokale öffnen mittags zum **Lunch** von 12 bis 14 Uhr, abends zum **Diner** etwa ab 18.30 Uhr. Gegen 22.30 Uhr werden dann die letzten Bestellungen (last orders) entgegengenommen. Die Speisekarten (Menu) sind in englischer Sprache abgefasst.

Allzu legere **Kleidung** ist nicht gern gesehen. Auch ist es üblich, sich vom Kellner einen **Tisch** zuweisen zu lassen. Wer jedoch nur einen Happen verzehren möchte, sollte eine Pizzeria, eine Weinbar oder eine Snackbar aufsuchen, in guten Restaurants ist der kleine Hunger fehl am Platz. Andererseits sind inzwischen zahlreiche Lokale entstanden, die unter dem Stichwort ›Casual dining‹ eine eher lockere Atmosphäre gestatten. In maltesischen Kneipenführern wie dem ›It's your Choice‹ (kostenlos an Kiosken) oder auch in Flyern der Lokale selbst wird stets der erwünschte ›Dress code‹ angegeben. Die **Preise** beinhalten die Gebühr für Gedeck und Service. Ein Trinkgeld von etwa zehn Prozent ist üblich.

ten Geschäften unter staatlicher Regie bekommt. Zwar hat die enorme Modernisierung seit den 1960er-Jahren, aber auch Maltas Rolle als britische Militärkolonie und die Dominanz britischer Urlauber zu einem Verfall des traditionellen Kunsthandwerks geführt, doch hat auch manch kitschiges Souvenir seinen Reiz ...

Einen umfassenden Überblick geben die **Crafts Centre**, in *Valletta* am St. John's Square [s. S. 25] und in *Rabat (Victoria)* auf Gozo in der Zitadelle [s. S. 106] – beide nur Ausstellung – sowie im *Ta'Qali Crafts Village* [s. S. 77] zwischen Attard und Mdina und bei *Ta'Dbiegi* [s. S. 117] in der Nähe von San Lawrenz auf Gozo; in den beiden letzteren kann man auch kaufen und bei der Produktion zusehen.

Essen und Trinken

Kulinarische Aspekte eines Malta-Urlaubs sind in erster Linie von *italienischer Kochkunst* und *britischen Snacks* geprägt. Auch die *maltesische Küche*, die früher fast gar nicht zu bekommen war, ist wieder entdeckt worden. Sie weist Gemeinsamkeiten mit der italienischen auf, das Schwergewicht liegt jedoch auf geschmorten Gerichten. Besondere **Spezialitäten** sind Kapern, Kaninchen und der Lampuka-Fisch. Im Spätsommer wird der rund 1 m lange Lampuka *(Dolphin fish)* in vielen Restaurants angeboten. Ein traditionelles Fischergericht ist die *Torta tal-Lampuki* (Filetstücke im Teigmantel). Häufig auf den Speisekarten findet man auch *Pixxispad* (Schwertfisch), *Cerna* (Seebarsch) oder *Merluzz* (Rotbarbe).

Ein typisch maltesisches **Menü** könnte mit einer *Aljotta* (Fischsuppe mit viel Knoblauch) beginnen, gefolgt von einer Pasta wie *Timpana* (Nudelauflauf) oder *Ravjul* (Ravioli). Unter den Fleischgerichten sind *Bragjoli* (mit Kapern, Schinken und Ei gefüllte Rouladen), *Stuffat* (Rindgulasch), vor allem aber *Fenek stuffat* (in Rotwein geschmortes Kaninchen) die Favoriten. Und zum Schluss lässt der Kenner das Mahl mit *Gbejniet* ausklingen, einem würzigen, gepfefferten Bauernkäse aus Ziegenmilch.

Auf der Insel findet man fast überall kleine, einfache Bars, die neben Getränken auch **Snacks** wie *Pastizzi* (mit Ricotta oder Erbsenpüree gefüllte Blätterteigtaschen) oder *Hobz biz-zejt* (Brötchen mit Tomaten, Thunfisch und Kapern) anbieten. Dort nehmen die Malteser gewöhnlich ihr **Frühstück** ein, das zumeist aus *Cappucino*, einer Art Nationalgetränk im Inselstaat, und einer gebackenen Teigtasche besteht. In fast jeder Bar erhält man ihn in hervorragender Qualität, leider jedoch nicht zur morgendlichen Stärkung in den Hotels. Dort gibt es (zu Toast, Marmelade, mitunter auch Bohnen und Eiern) lediglich Nescafé oder Tee.

In den Bars trifft man sich auch auf ein Gläschen vor der langen ›Siesta‹, die von 14 bis 16 Uhr dauert. Abends ist dort jedoch fast nichts mehr los, die Malteser zieht es dann eher nach Hause.

Getränke

Auch gegen Cola & Co. hat Malta seine Alternative: das *Kinnie*. Es handelt sich um eine herbsüße Limonade, die leicht einem Bitter-Aperitif ohne Alkohol ähnelt. Einheimisches **Bier** der Brauerei Farsons ist in mehreren Sorten erhältlich. Das *Hop Leaf* gleicht dem englischen Ale, das *Cisk Lager* dem deutschen Export. Eine dunkle Biersorte ist das süßliche *Blue Label*. Das *Shandy* ist ein sehr süßes Alsterwasser (Radler). Gezapftes Bier *(draught beer)* bekommt man auf englische Art: in einem Zug ins Glas gefüllt und ohne Krone.

Bedeutende **Weine** hat Malta in der Vergangenheit nicht hervorgebracht, obwohl es ungefähr auf der geographischen Höhe der großen tunesischen Anbaugebiete liegt. Trotz intensiver Sonneneinstrahlung gibt der karge Terra-rossa-Boden keine allzu gute Grundlage ab. In letzter Zeit ist der maltesische Wein jedoch durch Einführung französischer und italienischer Rebsorten (etwa Chardonnay oder Pinot grigio) verbessert worden. 1995 erhielt der Produzent Emmanuel Delicata als erster eine internationale Auszeichnung für seine Marken *Green Label* und *Chardonnay*. Der größte Hersteller ist Marsovin, der als trockene, leichte Weißweine die Marken *Special Reserve* und *Verdala*, als vollmundigen, körperreichen Rotwein die Marke *La Vallette* anbietet. Der *Santeures* dieses Großproduzenten ist ein schwerer Süßwein. Verglichen mit Importen sind diese Weine selbst im Restaurant schon ausgesprochen günstig. Daneben gibt es noch preiswerteren Rebensaft verschiedener Kooperativen, der freilich geschmacklich nicht immer empfehlenswert ist. Als beste Erzeugnisse gelten die Weine *Girgentina* (rot) und *Tas Santi* (weiß) der St. George's Winery bei Mellieha. Die offenen Weine, die manche Restaurants offerieren, sind immer einen Versuch wert.

Feste und Feiern

Feiertage

An staatlichen Feiertagen bleiben, anders als sonntags, Museen und Sehenswürdigkeiten geschlossen: 1. Januar (Neujahr), 10. Februar (St. Paul's Shipwreck), 19. März (St. Joseph), 31. März (Freedom Day, Gedenktag an den Abzug der Briten 1979), Karfreitag, 1. Mai (Tag der Arbeit/ Workers Day), 7. Juni (Sette Guigno, Trauertag für die Opfer der antibritischen Demonstration am 7. Juni 1919), 29. Juni (St. Peter and Paul, Mnarja), 15. August (Mariä Himmelfahrt), 8. September (Our Lady of Victories/Great Siege Day, Siegestag zum Abzug der Türken 1565), 21. September (Independence Day), 8. Dezember (Unbefleckte Empfängnis), 13. Dezember (Republic Day), 25. Dezember (Weihnachten).

Feste

Januar/Februar

Valletta: Zum *Karneval* gibt es einen Umzug mit farbenprächtigen historischen Kostümen und die Aufführung der *parata*, eines Schwerttanzes aus der Zeit der Ordensritter.

Februar

Valletta (10.2.): Festa von St. Paul's Shipwreck [s. S. 30]

März/April

Rabat (19.3.): Festa St. Joseph

Die **Karwoche** hat große religiöse Bedeutung. Am Gründonnerstag ist abends eine große Fackelprozession von *Siggiewi* zur Bergkapelle beim Laferla Cross (ab 19 Uhr); Karfreitig finden viele Passionsumzüge statt (ab 15.30 Uhr, besonders eindrucksvoll in *Zejtun* oder *Mosta*), am Ostermorgen gibt es vielerorts Prozessionen mit der Statue des ›Risen Christ‹ (ab 10 Uhr), berühmt sind die ›gelaufenen‹ Prozessionen von *Birgu* (Vittoriosa) und *Bormla* (Cospicua).

Grand Harbour (Wochenende nach dem 1. Mai): Malta Fireworks Festival

Mai

Hamrun (1. Mai): Festa St. Joseph the Worker

Marsa (3. Woche): Festa Holy Trinity

Juni

Gzira (4.6.): Festa Our Lady of Fatima

Zebbug (Mitte Juni): Festa St. Philip

Zejtun (3. So): Festa St. Catherine

Qormi (3. So): Festa St. Sebastian

Rabat (29.6.): Am Tag der beiden ›Inselheiligen‹ St. Peter und St. Paul wird das **Mnarja-Fest** gefeiert. Das traditionelle Erntefest beginnt am 25., wenn der *Bandu*, ein historisch gekleideter Herold, mit einem Fahnenumzug zur Feier ruft. Am Nachmittag des eigentlichen Termins gibt es Eselsrennen, am Vorabend findet ein Lichterfest mit Volksmusik in den *Buskett Gardens* statt [s. S. 80].

Qormi (Ende Juni): Festa St. George

Siggiewi (Ende Juni): Festa St. Nicholas

Juli

Rabat (Anfang Juli): Festa St. Paul

San Pawl il-Bahar (*St. Paul's Bay*) (Anfang Juli): Festa St. Paul

Rabat (Victoria) (Mitte Juli): Festa St. Gorg

Valletta (3. Woche): Festa der St. John's Co-Cathedral

Msida (3. Woche): Festa St. Joseph

Zurrieq (3. Woche): Festa der Karmeliter

San Giljan (*St. Julians*) (Ende Juli): Festa der Karmeliter

August

Lija (1. Woche): *Festa Transfiguration of Our Lord* mit tollem Feuerwerk.

Hamrun (So nach dem 7. 8.): Die *Festa San Gaetano* ist die ausgelassenste der Insel.

Birgu (Vittoriosa) (2. Woche): Festa San Lawrenc

Qrendi, **Attard** und **Mosta** (15. 8.): Festa der Assumption (Mariä Himmelfahrt)

Rabat (Victoria): Ein besonderes Ereignis ist die *Festa Santa Marija*, bei der halb Gozo auf den Beinen ist.

Sliema (3. Woche): Festa von Stella Maris

Birkirkara (3. Woche): Festa St. Helen

San Giljan (St. Julians) (Ende August): Festa San Giljan

Gharghur (Ende August): Festa St. Bartholomew

September

Sliema (1. Woche): Festa San Grigor

Zurrieq (1. Woche): Festa St. Catherine

Grand Harbour (8.9.): Zur **Great Siege Regatta** zum Our Lady of Victories-Fest ist jeder Einwohner Maltas am Hafen, um die traditionellen Boote (*Dghajjes*) zu sehen, die nach alter Sitte wie die Gondeln in Venedig im Stehen gerudert werden. Gute Aussichtspunkte sind die Upper Barracca Gardens in Valletta und die Vedette in L'Isla (Senglea).

Naxxar (8. 9.): Festa

Mellieha (8. 9.): Festa Santa Marija

Zabbar (2. Woche): Festa Ta'Grazzia

Rabat (Victoria) (2. Woche): Festa San Gorg

Da bleibt keiner zu Hause – bei der Great Siege Regatta im September liefern die traditionellen Dghajjes im Grand Harbour vor Valletta ein sehenswertes Schauspiel

Dezember

Bormla (Cospicua) (8. 12.): Festa der Unbefleckten Empfängnis (Immaculate Conception)

Klima und Reisezeit

Mit trockenen, heißen Sommern und milden Wintern, die meist nur kurze, wenn auch heftige Regenschauer bringen, ist Malta eine der wärmsten Inseln des Mittelmeerraums. Während der Sommer mit Temperaturen bis über 40°C (bei relativ großer Luftfeuchtigkeit) für Kreislaufschwache zur Tortur werden kann, liegen die absoluten Höchstwerte im Winter noch bei 23°C, nur selten fällt das Thermometer unter 15°C. Doch kommt abends häufig ein frischer Wind auf, gegen den man sich mit einem warmen Pullover wappnen sollte.

April/Mai und Oktober/November sind für Wanderer die besten Reisezeiten. Ende September, Anfang Oktober ist seit den letzten Jahren jedoch regelmäßig mit einer kurzen Schlechtwetterperiode mit Schauern zu rechnen. Wassertemperaturen um gut 20°C bereiten aber noch bis in den Oktober hinein Badefreuden.

Klimadaten Malta

Monat	Luft (°C) min./max.	Wasser (°C)	Sonnen-std./Tag	Regen-tage
Januar	9/15	15	5	15
Februar	9/15	14	6	11
März	10/16	15	7	9
April	11/18	15	8	6
Mai	14/23	18	10	3
Juni	18/27	21	11	1
Juli	21/30	24	12	0
August	21/30	25	11	1
September	20/27	24	8	4
Oktober	17/23	22	7	11
November	13/19	19	6	11
Dezember	11/16	17	5	14

Ende Juni erstrahlt die Kirche St. George in Qormi im Festa-Glanz

Festa oder wer hat die schönste Kirche im Land?

Die Patronatsfeste der Pfarreien finden zumeist zwischen Mai und September in fast allen Orten statt. Da alle Gemeinden darauf bedacht sind, das prachtvollste Gotteshaus, die schönste Heiligenfigur und natürlich auch den besten **Band-Club** zu besitzen, bemüht sich ein jeder um die glanzvollste Darbietung, geraten die Festas oft zum ausgelassenen Wettstreit. Am Samstag bzw. am Vorabend dieser großen Feierlichkeiten gegen 18 Uhr marschieren die Blasmusikkapellen der Band-Clubs auf und zeigen bei einem fröhlichen **Umzug** ihr Können. Bei Einbruch der Dämmerung wird dann ein eindrucksvolles **Feuerwerk** gezündet, bei dem natürlich niemand fehlen darf. Am Sonntag bzw. am Festtag spielt frühabends wieder die Kapelle, ab 19 Uhr wird die lebensgroße Statue des Heiligen in großer **Prozession** durch den mit Fahnen und Lichtergirlanden geschmückten Ort getragen.

Kultur live

Theater und Konzerte

Erstaunlich groß ist auf Malta das kulturelle Angebot mit Theater- und Konzertaufführungen. Während der Saison von Oktober bis Mai finden im **Teatru Manoel** sowie im **Mediterranean Conference Centre (MCC)** in Valletta und im **Teatru Astra** in Rabat (Victoria) auf Gozo zahlreiche Vorstellungen statt. Die Palette umfasst Oper, Operette, Ballett, Schauspiel und Konzerte, teils von maltesischen Ensembles, teils als ausländische Gastspiele dargeboten. Über das jeweilige Programm informieren die Touristenbüros.

Festivals

Auf Malta werden zudem alljährlich zahlreiche Festivals zu verschiedenen The-

Ob Oper, Jazz oder Theater – im Teatru Manoel ist stets etwas geboten

men veranstaltet. Einen Überblick bietet die Malta Tourism Authority [s. S. 122] sowie www.maltafestivals.com.

Der Reigen beginnt im März mit dem einwöchigen **BOV Opera Festival** im Teatru Manoel in Valletta. Am gleichen Veranstaltungsort präsentiert das **Manoel Baroque Festival** im Mai barockes Theater. Darbietungen maltesischer Volkssänger, u. a. mit der traditionellen Ghana-Musik, genießt man am dritten Maiwochenende beim **Maltese Folk Singing Festival** in den Argotti Gardens in Floriana.

Ende Juli beginnt das **Malta Jazz Festival** (www.maltajazzfest.com) mit Auftritten englischer, deutscher und italienischer Musiker, die ihre Kunst meist Open-air bei der Kirche Ta' Liesse in Valletta darbieten. Anfang Oktober ist es dann Zeit für das **Malta Historic Cities Festival** (www.maltafestivals.com) mit einem zehntägigen Angebot von Musik- und Tanzdarbietungen sowie Umzügen der Blaskapellen in den historischen Städten Valletta, Mdina, Rabat, Rabat (Victoria) in Gozo, Birgu (Vittoriosa), Bormla (Cospicua) und Isla (Senglea). Ein Höhepunkt ist der Umzug des ›Großmeisters‹ in historischen Kostümen in Valletta. Ende Juli/Anf. Aug. schließt sich **Farsons Great Beer Festival** (www.farsons.com), das größte Ereignis des Sommers, mit Livemusik an.

Ein besonderes Ereignis für Segelsportbegeisterte ist die Rolex Middle Sea Race Regatta (www.rolexmiddlesearace.com), die Ende Oktober auf Malta Station macht.

Oper und Konzerte im Teatru Astra sowie geführte Touren zu speziellen Themen stehen beim **Festival Mediterranea** (www.mediterranea.com.mt) Ende Oktober/Anfang November auf dem Programm.

Sport

Angeln

Angeln ist überall gestattet, Unterwasserfischen jedoch streng verboten, um die Meeresfauna zu schützen. Fischen mit Schnorchel ist aber erlaubt.

Baden

Mit idyllischen Sandstrandbuchten sind weder Malta noch Gozo besonders üppig gesegnet. Im gesamten Bereich von Sliema, San Giljan (St. Julians), Bugibba und Qawra fällt die Küste über eine flache Felsstufe ins Meer ab. Dort kann man aber durchaus baden: Das Wasser ist recht sauber und Leitern erleichtern den Einstieg, doch sind Badeschuhe unbedingt zu empfehlen.

Sandstrände finden sich vor allem im Norden Maltas. Die besten und umfangreichsten Strandeinrichtungen oder Wassersportangebote bieten die Golden Bay und die Mellieha Bay, etwas ruhiger sind die Ghain Tuffieha Bay und die Armier Bay auf der Marfa-Halbinsel. Nur mit dem Mietwagen zu erreichen sind die Gnejna Bay und die Ramla Bay auf Gozo, die im Sommer freilich auch gut besucht sind. Die schönsten **Felsstrände** finden sich auf Malta am einsamen Peter's Pool auf der Delimara-Halbinsel und bei Ghar Lapsi. Auf Gozo sind auch die Dwejra Bay oder die lebhafte Xlendi Bay zu empfehlen.

Golf

Auf dem Gelände des Marsa Sports & Country Club [s. S. 132] befindet sich auch der vom 1888 gegründeten **Royal Malta Golf Club** (Marsa, Tel. 21239302, Fax 21227020, www.maltagolf.org) betreute *18-Loch-Golfplatz* (Par 68, 5020 m), der sich über ein gepflegtes, aber sehr offenes und flaches Grün erstreckt. Urlauber können So–Mi und Fr vormittags Spielzeiten vereinbaren: Golfschuhe und angemessene Golfkleidung sind erforderlich.

Pferderennen

Ein britisches Erbe: Die Malteser begeistern sich für den **Trabersport**, selbst auf dem Sliema Highway begegnet man den Gespannen bei der Trainingsfahrt. Von

Oktober bis Mai finden jeden Sonntagnachmittag ab ca. 13 Uhr Trabrennen auf dem *Marsa Race Track* vor den Toren Vallettas statt (Veranstaltungspause im Hochsommer). Wer nicht nur zuschauen will, kann wie die Malteser auf den Sieger wetten.

Reiten

Stundenweise Ausritte für Fortgeschrittene bieten die Reitschulen, die auch Anfängerkurse im Programm haben:

Horse Riding in Bidnija, Triq il-Bdiewa, Mosta, Tel. 21 41 40 10, Mob. 99 47 72 27, www.bidnijahorseriding.com

Golden Bay Horse Riding: Triq Ghajn Tuffieha, San Pawl il-Bahar (St. Paul's Bay), Tel. 21 57 33 60

Victor Muscat Horse Drawn Carriage Service, 15 Shaft Street, Xaghra, Gozo, Tel. 21 55 92 29, www.starwebmalta.com/victormuscat.htm. Kutschfahrten und Reitmöglichkeiten für erfahrene Reiter.

Segeln

Für Segler ist der Jachthafen im **Msida Creek** des Marsamxetto eine wichtige Etappe einer Mittelmeerkreuzfahrt. Liegeplätze, Serviceleistungen und einen Reparaturdienst bietet die **Nautica Ltd.** (21 Msida Road, Gzira, Tel. 21 34 51 38).

Der **Royal Malta Yacht Club** (Manoel Island, Gzira, Tel. 21 33 31 09, Fax 21 33 11 31, www.rmyc.org, Umzug demnächst jedoch wahrscheinlich) vermittelt Segelbootvermietungen.

Wetten werden noch angenommen – der Trabrennsport ist ein Steckenpferd der Malteser

Marinas für den Jachttourismus wurden mittlerweile stark ausgebaut. Neben der alten Marina in Msida/Ta'Xbiex hat Malta nun eine neue in Portomaso (San Giljan/St. Julian's). Die Cottonera Marina im Grand Harbour (Birgu/Vittoriosa) ist im Entstehen.

Eintägige **Jachttouren** mit einem schönen Zweimaster rund um Malta bietet *Hera Cruise* (Tel. 21 33 05 83, www.herayachtmalta.com). Einwöchige **Jachtferien** mit Übernachtung an Bord und verschiedenen Tauchgelegenheiten rund um Comino kann man bei *Frankie's Gozo Diving Centre* (Tel. 21 55 13 15, www.digigate.net/frankie) buchen.

Tauchen

Nicht umsonst wirbt Malta für sich selbst mit dem Motto ›Mekka für Taucher‹, denn entlang seiner ausgeprägten Felsküste hat sich eine weitgehend intakte Flora und Fauna erhalten. Zudem herrschen von Mai bis November Temperaturen über 14°C, die eine Erkundungstour unter Wasser nicht nur interessant, sondern auch angenehm machen.

Malta besitzt auch eine Reihe lizenzierter **Tauchschulen**, deren Ausrüstung dem neuesten Standard entspricht. *Anfänger* benötigen für die Teilnahme an einem Lehrgang ein Gesundheitszeugnis. *Fortgeschrittene* erhalten eine **Taucherlaubnis** beim Health Inspector (37/39 Rue D'Argens Street, Msida, Tel. 21 33 73 33), häufig erledigen das aber auch die Tauchschulen. Tauchschulen findet man u. a. an der St. George's Bay in *San Giljan (St. Julians)*, beim Restaurant Gillieru in *San Pawl il-Bahar (St. Paul's Bay)*, beim Hotel Corinthia Jerma Palace in *Marsaskala*, auf Gozo

Vielfalt der Natur unter Wasser – die Felsküste Maltas ist ein Paradies für Taucher

beim Hotel Calypso in *Marsalforn* und in *Xlendi* (St. Andrew Divers). Das Fremdenverkehrsamt Malta [s. S. 121] verschickt eine Broschüre zum Thema Tauchen mit Adressen von Tauchschulen und einer Liste der besten Plätze.

Wer **selbstständige Tauchgänge** unternehmen möchte, benötigt mindestens das *CMAS-Zweisternebrevet*, um eine Taucherlaubnis, die so genannte C-Card, beim Department of Health beantragen zu können. Sowohl das Krankenhaus auf Malta als auch das Gozo Hospital besitzen eine Dekompressionskammer.

Die **Unterwasserjagd** ohne Genehmigung ist absolut verboten, der Verstoß wird mit sehr hoher Geld- oder Freiheitsstrafe geahndet.

Tennis/Golf

Neben zahlreichen Hotels der Oberklasse besitzt der **Marsa Sports & Country Club** (Triq Aldo Moro, Marsa, Tel. 21 23 38 51, Fax 21 23 18 09, www.marsasportsclub.com) gut ausgestattete Tennisplätze, außerdem gibt es auf dem weitläufigen Areal Squash-Courts, ein Cricket-Feld, eine Minigolfanlage und eine Bowling-Bahn.

Wandern

Geführte Wanderferien organisiert vor allem der Veranstalter FTI, jedoch sollte man die Monate Februar bis April bevorzugen. Dann ist die karge, baumlose Landschaft noch am schönsten, und auch die Temperaturen gestalten sich erträglich. Nicht vergessen: Sonnenhut und -creme, feste Schuhe und Wasserflasche. Die Kompass Wanderkarte 235 Malta/Gozo hilft bei der Erkundung der Inseln.

Wassersport

Die Palette der Sportangebote an den touristischen Stränden reicht von Windsurfen über Verleih von Motor- oder Tretbooten, Wasserski, Tauchen und Paragliding bis hin zu ›Sea Sausage Riding‹ in der Mellieha Bay. **Wasserski** wird an folgenden Plätzen angeboten: St. George's Bay, San Pawl il-Bahar (St. Paul's Bay), Mellieha Bay, Qawra Coast, Paradise Bay, Golden Bay, Gnejna Bay, St. Thomas Bay, Ramla Bay, Marsalforn, Xlendi und Comino. **Paragliding** ist an der Golden Bay und der Mellieha Bay möglich, **Jet-Ski** nur an der Xemxija Bay.

Statistik

Geographie: Die Republik Malta umfasst die Inseln Malta, Gozo und Comino mit einer Fläche von zusammen 315,6 km^2; sie gehört damit zu den zehn kleinsten Staaten der Welt. Die größere Insel Malta entspricht etwa einem Viertel der Fläche Berlins, die maximale Länge in Nordwest-Südost-Richtung beträgt ca. 27 km.

Bevölkerung: Von den rund 400 000 Einwohnern des Inselstaats leben etwa 30 000 auf Gozo, aber allein 200 000 in der Region Inner Harbour. Mit einer Bevölkerungsdichte von durchschnittlich 1265 Menschen pro km^2 ist Malta das am dichtesten bevölkerte Land Europas. 89% der Bevölkerung lebt in Städten.

Religion: Malta ist selbstständiges Erzbistum, 91% der Bewohner sind Katholiken. Die teils tief verwurzelte Gläubigkeit der Malteser zeigt sich vor allem bei den Festas, aber auch in zumeist sehr traditionellen Familienstrukturen.

Flagge: Maltas Flagge ist senkrecht weiß und rot mit dem rot gezeichneten George Cross links oben im weißen Feld.

Politik: Erst 1964 entließ Großbritannien die Kronkolonie Malta in die Unabhängigkeit, am 13.12.1974 wurde die Republik deklariert. Heute führt die liberal-konservative *Nationalist Party* die Regierung, die sozialistische *Malta Labour Party* stellt die Opposition im Parlament.

Wirtschaft: Das Bruttosozialprodukt erreicht etwa 4,06 Mrd € (2003). Davon erzeugt die Landwirtschaft etwa 2%, die Industrie 26%. Der Tourismus ist mit über 50% am Staatseinkommen beteiligt und verzeichnet knapp 1,1 Mio. Gäste pro Jahr, davon rund 130 000 Deutsche.

Unterkunft

Malta empfängt jährlich knapp 1,1 Mio. Touristen und ist für diesen Ansturm mit einer Vielzahl an Hotels, Apartmentanlagen, Feriendörfern und Pensionen (*Guest Houses*) gerüstet.

Gozo Farmhouses

Eine Besonderheit sind **Gozo Farmhouses**, die man über die Reisekataloge oder das Internet (www.gozofarmhouses.com) buchen kann: Umgebaute Bauernhäuser in reizvoller ländlicher Umgebung bieten Erholung pur, eine romantische Verbindung von rustikalem Ambiente und modernem Komfort mit Pool und Terrasse. Standquartiere im Inland sind nur mit einem Leihwagen zu empfehlen, eignen sich aber gut für all jene, die viel unternehmen wollen.

Hotels

Ein kostenloses **Hotelverzeichnis** gibt es bei den Informationsbüros der Malta Tourism Authority [s. S. 122] auf Malta und Gozo sowie über die heimischen Fremdenverkehrsämter [s. S. 121].

Aufgrund kurzer Entfernungen, guter Busverbindungen und günstiger Leihwagentarife ist es kaum sinnvoll, das Hotel während des Aufenthalts zu wechseln. Bei der Buchung sollte man jedoch den Charakter der Orte berücksichtigen: *Sliema* [s. S. 69] und *Valletta* [s. S. 19] mit ihrem städtischen Flair eignen sich für Badeferien nur bedingt. Die Hotels sind Stadthäuser, in Sliema meist mit Pool auf dem Dach oder privatem Lido an der Felsküste. Einigermaßen komfortabel ist man dort nur in den ›Superior-Zimmern‹ untergebracht. *San Giljan (St. Julians)* [s. S. 72] und *Bugibba/Qawra* [s. S. 91] haben sich zu turbulenten Urlaubsorten entwickelt, wo man wenig Ruhe findet. *Marsaskala* [s. S. 56] und *Mellieha* [s. S. 96] auf Malta oder *Marsalforn* [s. S. 109] und *Xlendi* [s. S. 114] auf Gozo sind beschaulicher, verfügen aber über gute touristische Einrichtungen; vor allem Mellieha Beach ist als flacher Sandstrand bei Familien mit kleineren Kindern beliebt. Einige ausgesuchte Hoteltipps finden Sie in den Praktischen Hinweisen bei den Ortsbeschreibungen.

Verkehrsmittel im Land

Bus

Wer auf Malta nicht Bus gefahren ist, hat die Insel nicht kennengelernt – diese zum Teil uralten, herrlich bemalten Oldtimer sind das Hauptverkehrsmittel. Die Tarife sind günstig, Gepäckstücke kosten jedoch extra. Tickets bekommt man beim Fahrer, den man passend bezahlen sollte. Mittlerweile gibt es auch Fahrkartenautomaten. Wenn man aussteigen

Luxus abseits der großen Hotels – Gozo Farmhouses bieten Ländlichkeit mit allem Komfort

Malti – ungewohnte Klänge

Erste offizielle Amtssprache der Republik Malta ist das Malti, eine dem Arabischen ähnliche Sprache mit vielen europäischen Lehnworten. Für den Urlauber ist es nicht nur unmöglich, sondern auch kaum erforderlich, **Maltesisch** lernen zu wollen. Jeder Malteser kann Englisch, die zweite Amtssprache, viele beherrschen auch gut Italienisch.

Um aber in dem Fall, dass man nach dem Weg fragen muss, die Ortsnamen richtig benennen zu können, sollte man sich die wichtigsten **Ausspracheregeln** merken. Abweichungen vom Deutschen gibt es zwar zumeist nur dort, wo die maltesischen Buchstaben mit einem Punkt oder Doppelstrich versehen sind, doch sind die dadurch entstehenden Veränderungen für die meisten Reisenden höchst überraschend. Zur Vereinfachung wurden in diesem Band die Schreibweisen in den einzelnen Ortsbeschreibungen nicht dem Malti angepasst, sondern im Falle von Abweichungen in Lautschrift angegeben.

c	wie k
ċ	wie tsch
ġ	wie dsch
għa	wie langes aa
għi	wie ei
għu	wie ou
h	bleibt stumm als Dehnungslaut
ħ	wird deutlich gehaucht wie ein schwaches ch
ie	wird als langes i mit leichtem Ausklang nach e gesprochen
q	ist ein Stimmabsatz, ähnelt einem fast tonlosen e und wird in der Umschrift mit ' angegeben
w	wie u mit Anklang zu w
v	wie w
x	wie sch
z	wie ts
ż	wie weiches s

will, muss man läuten, in älteren Bussen mittels einer langen Leine, die quer durch den Bus läuft und eine Glocke am Fahrersitz betätigt. Wer viel fährt, sollte ein **Mehrtagesticket** kaufen, das man bei den Filialen der Bank of Valletta erhält.

Auf Malta sind die Busse gelb-orange-weiß, auf Gozo rot-weiß. Die **Haltestellen** sind mit blauen und roten Schildern gekennzeichnet, wobei die roten *Request stops* sind, wo der Bus nur hält, wenn man Handzeichen gibt. Es kann allerdings nicht schaden, auch bei den blauen Haltestellen Handzeichen zu geben. Man muss auch die Richtung beachten: Im Linksverkehr liegen die Haltestellen natürlich an der ›anderen‹ Straßenseite. **Routenpläne** sind an den Busterminals oder in den Bussen erhältlich.

Die verschiedenen **Linien** sind nur durch Nummern bezeichnet, fast alle gehen sternförmig von einem Hauptterminal aus: auf Malta der Platz am Triton Fountain vor Valletta, auf Gozo an der Triq il-Putirjalt in Rabat (Victoria). In der Regel muss man also am Terminal in eine andere Linie umsteigen.

In der Saison werden jedoch **Querverbindungen** (direct routes) von den Urlaubsorten aus angeboten, etwa von Bugibba zur Golden Bay, nach Mdina und nach Marsaxlokk, von Sliema (Abfahrt Sliema Ferries) nach Bugibba, nach Cirkewwa, nach Mdina und nach Marsaxlokk.

ATP, Public Transport Association, Tel. 21 25 00 07, www.atp.com.mt

Fähre

Die Benutzung einer Fähre ist auf Malta in der Regel unerlässlich, insbesondere für den obligatorischen Ausflug nach Gozo oder einen Aufenthalt auf Comino.

Von Cirkewwa nach Gozo: Von der Marfa-Halbinsel an der Nordwestspitze Maltas besteht ein Pendelverkehr mit Autofähren nach Mgarr (Gozo). Alle 60–90 Min. tagsüber; alle 90 Min. abends; Sa, So auch nach Mitternacht, zu Stoßzeiten im Sommer alle 45 Min.; Fahrtzeit ca. 25 Min. *Info:* Tel. 21 24 39 64, www.gozochannel.com

Von Valletta nach Gozo: Montags bis freitags einmal täglich, in der Saison (15. Juni–30. Sept.) auch Samstag und Sonntag verkehrt eine Fähre zwischen Sa Maison (am Pieta Creek unterhalb von Floriana) und Mgarr, dem Hafen von Gozo. Abfahrt 13 Uhr; Fahrtzeit 45 Min.; Rückfahrt 11 Uhr am anderen Tag.

Von anderen Orten nach Gozo: Zusätzlich verkehren in der Saison schnelle Tragflächenboote nur für Passagiere von Sliema oder Bugibba (Malta) nach Mgarr (Gozo).

Von Cirkewwa an der Nordwestspitze Maltas pendeln die Fähren nach Gozo

Nach Comino: In der Saison gibt es eine Fährverbindung von Cirkewwa (Malta) und von Mgarr (Gozo) etwa sieben Mal täglich.

Zwischen Sliema und Valletta besteht eine Fährverbindung über den Marsamxett-Hafen, die die Fahrtzeit auf etwa 10 Min. verkürzt. Das Boot pendelt von 7.45 bis 18.15 Uhr etwa halbstündlich. Abfahrt Sliema: Tigne Seafront; Abfahrt Valletta: am Wasserballbecken unterhalb der Pjazza M. Preti.

Mietwagen

Mitgliedern bietet die **ADAC-Autovermietung GmbH** günstige Bedingungen. Buchungen über Tel. 018 05/31 81 81 (0,12 €/Min.) oder ADAC-Geschäftsstellen.

Die großen Verleihfirmen sind am Malta International Airport und in den Touristenzentren vertreten. Frühzeitige Buchung empfiehlt sich während der Hauptsaison. **Voraussetzungen**: Der Fahrer muss über 21 Jahre alt sein, der Führerschein älter als ein Jahr. Man sollte bei Entgegennahme des Wagens nachprüfen, ob ein funktionstüchtiges **Reserverad** vorhanden ist – Reifenpannen sind aufgrund vieler Schlaglöcher nicht selten!

An den in Malta geltenden **Linksverkehr** gewöhnt man sich in der Regel recht schnell. Schwieriger ist da schon, dass die Straßenführung aufgrund mangelnder Beschilderung und zahlreicher Einbahnstraßenregelungen oftmals völlig unübersichtlich erscheint.

Tankstellen sind Mo–Sa 8–18 Uhr geöffnet; Sonn- oder feiertags kann man mit Banknoten an Automaten tanken.

Taxis und Droschken

Taxis, zumeist weiß mit rotem Nummernschild, sind auf Malta recht teuer. Taxis, aber auch Minibus-Taxis für bis zu neun Personen kann man bestellen über Wembley's, Tel. 21 37 41 41, oder mit Hilfe der Hotelrezeption.

Pferdedroschken, **Karrozzini** genannt, gibt es in *Valletta* am Palace Square und in *Mdina* am Saqqajja. Eine Fahrt mit diesem pittoresken Verkehrsmittel bereitet häufig ein ganz besonderes Vergnügen, da sich die Fahrer oft auch als Fremdenführer verstehen und begeistert ihre Kenntnisse zum besten geben.

Touren

Eine etwa einstündige **Hafenrundfahrt** durch Marsamxett Harbour und Grand Harbour wird u. a. von *Captain Morgan Cruises* tgl. 10–15.45 Uhr etwa alle 90 Min. angeboten (Erläuterungen in Englisch, Abfahrt von The Strand, Sliema; Tickets an Bord). Info:

Captain Morgan Cruises, Dolphin Court, Tigne Seafront, Sliema, Tel: 23 46 33 33, www.captainmorgan.com.mt

Verschiedene Agenturen offerieren auch **Tagestouren** rund um Malta und/oder Gozo mit Badestopps (meist in der Blue Lagoon), Captain Morgan Cruises veranstaltet zudem **Unterwassersafaris** (von Bugibba aus) in einem Boot mit ›gläsernem Kiel‹ sowie **Tauchfahrten** mit einem echten U-Boot (von Sliema aus).

Sprachführer

Englisch für die Reise

Das Wichtigste in Kürze

Ja/Nein	*Yes/No*
Bitte/Danke	*Please/Thank you*
In Ordnung./Einverstanden.	*All right./Agreed.*
Entschuldigung!	*Excuse me!*
Wie bitte?	*Pardon?*
Ich verstehe Sie nicht.	*I don't understand you*
Ich spreche nur wenig Englisch.	*I only speak a little English.*
Können Sie mir bitte helfen?	*Can you help me, please?*
Das gefällt mir/ Das gefällt mir nicht.	*I like that/ I don't like that.*
Ich möchte ...	*I would like ...*
Haben Sie ...?	*Do you have ...?*
Gibt es ...?	*Is there ...?*
Wie viel kostet das?/ Wie teuer ist ...?	*How much is that?*
Kann ich mit Kreditkarte bezahlen?	*Can I pay by credit card?*
Wie viel Uhr ist es?	*What time is it?*
Guten Morgen!	*Good morning!*
Guten Tag!	*Good morning!/ Good afternoon!*
Guten Abend!	*Good evening!*
Gute Nacht!	*Good night!*
Hallo! Grüß Dich!	*Hello!*
Wie ist Ihr Name, bitte?	*What's your name, please?*
Mein Name ist ...	*My name is ...*
Ich bin Deutsche(r).	*I am german.*
Ich bin aus Deutschland.	*I come form Germany.*
Wie geht es Ihnen?	*How are you?*
Auf Wiedersehen!	*Good bye!*
Tschüs!	*See you!*
gestern/heute/ morgen	*yesterday/today/ tomorrow*
am Vormittag/ am Nachmittag	*in the morning/ in the afternoon*
am Abend/ in der Nacht	*in the evening/ at night*
um 1 Uhr/ 2 Uhr ...	*at one o'clock/ at two o'clock ...*
um Viertel vor (nach) ...	*at a quarter to (past) ...*
um ... Uhr 30	*at ... thirty*
Minuten/Stunden	*minutes/hours*
Tage/Wochen	*days/weeks*
Monate/Jahre	*months/years*

Zahlen

0	*zero*	20	*twenty*
1	*one*	21	*twenty-one*
2	*two*	22	*twenty-two*
3	*three*	30	*thirty*
4	*four*	40	*forty*
5	*five*	50	*fifty*
6	*six*	60	*sixty*
7	*seven*	70	*seventy*
8	*eight*	80	*eighty*
9	*nine*	90	*ninety*
10	*ten*	100	*a (one) hundred*
11	*eleven*	200	*two hundred*
12	*twelve*	1 000	*a (one) thousand*
13	*thirteen*	2 000	*two thousand*
14	*fourteen*	10 000	*ten thousand*
15	*fifteen*	1 000 000	*a million*
16	*sixteen*	½	*a (one) half*
17	*seventeen*	¼	*a (one) quarter*
18	*eighteen*		
19	*nineteen*		

Wochentage

Montag	*Monday*
Dienstag	*Tuesday*
Mittwoch	*Wednesday*
Donnerstag	*Thursday*
Freitag	*Friday*
Samstag	*Saturday*
Sonntag	*Sunday*

Monate

Januar	*January*
Februar	*February*
März	*March*
April	*April*
Mai	*May*
Juni	*June*
Juli	*July*
August	*August*
September	*September*
Oktober	*October*
November	*November*
Dezember	*December*

Maße

Kilometer	*kilometre*
Meter	*metre*
Zentimeter	*centimetre*
Kilogramm	*kilogramme*
Pfund	*pound*
Gramm	*gramme*
Liter	*litre*

Unterwegs

Nord/Süd/West/ Ost	*north/south/west/ east*
geöffnet/ geschlossen	*open/ closed*
geradeaus/links/ rechts/zurück	*straight on/left/ right/back*
nah/weit	*near/far*
Wie weit ist es?	*How far is it?*
Wo sind die Toiletten?	*Where are the toilets?*
Wo ist die (der) nächste ... Telefonzelle/ Bank/Post/ Polizeistation/ Geldautomat?	*Where is the nearest ... telephone-box/ bank/post office/ police station/ automatic teller?*
Wo ist ... der Hauptbahnhof/ die U-Bahn/ der Flughafen?	*Where is the ... main train station/ subway station/ airport, please?*
Wo finde ich ein(e, en)? Apotheke/ Bäckerei/ Fotoartikel/ Kaufhaus/ Lebensmittelgeschäft/ Markt?	*Where can I find a ... pharmacy/ bakery/ photo shop/ department store/ food store/ market?*
Ist das der Weg/ die Straße nach ...?	*Is this the way/ the road to ...?*
Gibt es einen anderen Weg?	*Is there another way?*
Ich möchte mit ... dem (der) Zug/Schiff/Fähre/ Flugzeug nach ... fahren.	*I would like to go to ... by ... train/ship/ferry/ airplane.*
Gilt dieser Preis für Hin- und Rückfahrt?	*Is this the round trip fare?*
Wie lange gilt das Ticket?	*How long will the ticket be valid?*
Wo ist ... das Tourismusbüro/ ein Reisebüro?	*Where is ... the tourist office/ a travel agency?*
Ich benötige eine Hotelunterkunft.	*I need hotel accommodation.*
Wo kann ich mein Gepäck lassen?	*Where can I leave my luggage?*
Ich habe meinen Koffer verloren.	*I lost my suitcase.*

Zoll, Polizei

Ich habe etwas/ nichts zu verzollen.	*I have something/ nothing to declare.*
Nur persönliche Dinge.	*Only personal belongings.*
Hier ist die Kaufbescheinigung.	*Here is the receipt.*
Hier ist mein(e) ... Geld/ Pass/ Personalausweis/ Kfz-Schein/ Versicherungskarte.	*Here is my ... money/ passport/ ID card/ certificate of registration/ car insurance card.*
Ich fahre nach ... und bleibe ... Tage/Wochen.	*I'm going to ... to stay there for ... days/weeks.*
Ich möchte eine Anzeige erstatten.	*I would like to report an incident.*
Man hat mein(e, en)... Geld/ Tasche/ Papiere/ Schlüssel/ Fotoapparat/ Koffer/ Fahrrad gestohlen.	*They stole my ... money/ bag/ papers/ keys/ camera/ suitcase/ bicycle.*
Verständigen Sie bitte das/die Deutsche Konsulat/Botschaft.	*Please contact the German consulate/embassy.*

Freizeit

Ich möchte ein ... Fahrrad/ Motorrad/ Surfbrett/ Mountainbike/ Boot/ Pferd ... mieten.	*I would like to rent a ... bicycle/ motorcycle/ surf board/ mountain bike/ boat/ horse.*
Gibt es ein(en) Freizeitpark/ Freibad/ Golfplatz/ Strand ... in der Nähe?	*Is there a ... theme park/ outdoor swimming pool/ golf course/ beach ... in the area?*
Wann hat ... geöffnet?	*What are the opening hours of ...?*

Bank, Post, Telefon

Ich möchte Geld wechseln.	*I would like to change money.*
Brauchen Sie meinen Ausweis?	*Do you need my passport?*
Wo soll ich unterschreiben?	*Where should I sign?*
Ich möchte eine Telefonverbindung nach ...	*I would like to have a telephone connection with ...*
Wie lautet die Vorwahl für ...?	*What is the area code for ...?*
Wo gibt es ... Telefonkarten/ Briefmarken?	*Where can I get ... phone cards/ stamps?*

Tankstelle

Wo ist die nächste Tankstelle?	*Where is the nearest petrol station?*
Ich möchte …	*I would like …*
Liter …	*litres of*
Super/Diesel / bleifrei.	*star/diesel/ unleaded.*
Volltanken, bitte.	*Fill it up, please.*
Bitte, prüfen Sie …	*Please check the …*
den Reifendruck/	*tire pressure/*
den Ölstand/	*oil level/*
den Wasserstand/	*water level/*
das Wasser für die Scheibenwischanlage/	*water in the windscreen wiper system/*
die Batterie.	*battery.*
Würden Sie bitte …	*Would you please …*
den Ölwechsel/	*change the oil/*
den Radwechsel vornehmen/	*change the tires/*
die Sicherung austauschen/	*change the fuse/*
die Zündkerzen erneuern/	*replace the spark plugs/*
die Zündung nachstellen?	*adjust the ignition?*

Panne

Ich habe eine Panne.	*My car's broken down.*
Der Motor startet nicht.	*The engine won't start.*
Ich habe die Schlüssel im Wagen gelassen.	*I left the keys in the car.*
Ich habe kein Benzin/ Diesel.	*I've run out of petrol/ diesel.*
Gibt es hier in der Nähe eine Werkstatt?	*Is there a garage nearby?*
Können Sie mein Auto abschleppen?	*Could you tow my car?*
Können Sie mir einen Abschleppwagen schicken?	*Could you send a tow truck?*
Können Sie den Wagen reparieren?	*Could you repair my car?*
Bis wann?	*By when?*

Mietwagen

Ich möchte ein Auto mieten.	*I would like to rent a car.*
Was kostet die Miete …	*How much is the rent …*
pro Tag/	*per day/*
pro Woche/	*per week/*
mit unbegrenzter km-Zahl/	*including unlimited kilometres/*
mit Kaskoversicherung/	*including comprehensive insurance/*
mit Kaution?	*with deposit?*
Wo kann ich den Wagen zurückgeben?	*Where can I return the car?*

Unfall

Hilfe!	*Help!*
Achtung!/Vorsicht!	*Attention!/Caution!*
Rufen Sie bitte schnell …	*This is an emergency, please call …*
einen Krankenwagen/	*an ambulance/*
die Polizei/	*the police/*
die Feuerwehr.	*the fire department.*
Es war (nicht) meine Schuld.	*It was (not) my fault.*
Geben Sie mir bitte Ihren Namen und Ihre Adresse.	*Please give me your name and address.*
Ich brauche die Angaben zu Ihrer Autoversicherung.	*I need the details of your car insurance.*

Krankheit

Können Sie mir einen guten Deutsch sprechenden Arzt/ Zahnarzt empfehlen?	*Can you recommend a good German-speaking doctor/ dentist?*
Wann hat er Sprechstunde?	*What are his office hours?*
Wo ist die nächste Apotheke?	*Where is the nearest pharmacy?*
Ich brauche ein Mittel gegen …	*I need medication for …*
Durchfall/	*diarrhea/*
Halsschmerzen/	*a sore throat/*
Fieber/	*fever/*
Insektenstiche/	*insect bites/*
Verstopfung/	*constipation/*
Zahnschmerzen.	*toothache.*

Hotel

Können Sie mir bitte ein Hotel/eine Pension empfehlen?	*Could you please recommend a hotel/ Bed & Breakfast?*
Ich habe bei Ihnen ein Zimmer reserviert.	*I booked a room with you.*
Haben Sie ein …	*Have you got a …*
Einzel-/Doppelzimmer …	*single/double room …*
mit Dusche/ Bad/WC?	*with shower/ bath/bathroom?*
für eine Nacht/	*for a night/*
für eine Woche?	*for a week?*
Was kostet das Zimmer mit Frühstück/	*How much is the room with breakfast/*
mit zwei Mahlzeiten?	*with two meals?*

Wie lange gibt es Frühstück?	*How long will breakfast be served?*
Ich möchte um ... geweckt werden.	*Please wake me up at ...*
Wie ist hier die Stromspannung?	*What is the power voltage here?*
Ich reise heute abend/ morgen früh ab.	*I will depart tonight/ tomorrow morning.*
Haben Sie ein Faxgerät/ einen Internetzugang/ einen Hotelsafe?	*Have you got a fax machine/ internet access/ a hotel safe?*
Akzeptieren Sie Kreditkarten?	*Do you accept credit cards?*

Restaurant

Wo gibt es ein gutes/ günstiges Restaurant?	*Where is a good/ inexpensive restaurant?*
Die Speisekarte/ Getränkekarte, bitte.	*The menu/ the wine list, please.*
Ich möchte das Tagesgericht/Menü (zu…)	*I like the dish of the day (at ...).*
Welches Gericht können Sie besonders empfehlen?	*Which of the dishes can you recommend?*
Ich möchte nur eine Kleinigkeit essen.	*I only want a snack.*
Gibt es vegetarische Gerichte?	*Are there vegetarian dishes?*
Haben Sie offenen Wein?	*Do you serve wine by the glass?*
Welche alkoholfreien Getränke haben Sie?	*What kind of soft drinks do you have?*
Haben Sie Mineralwasser mit/ ohne Kohlensäure?	*Do you have sparkling water/ noncarbonated water?*
Das Steak bitte ... englisch/medium/ durchgebraten.	*The steak ... rare/medium/ well-done, please.*
Kann ich bitte ... ein Messer/ eine Gabel/ einen Löffel haben?	*May I have ... a knife/ a fork/ a spoon, please?*
Darf man rauchen?	*Is smoking allowed?*
Rechnung/Bezahlen, bitte.	*The bill, please.*

Essen und Trinken

Abendessen	*dinner*
Ananas	*pineapple*
Apfelkuchen	*apple pie*
Bier	*beer*
Birnen	*pears*
Bratkartoffeln	*fried potatoes*
Brot/Brötchen	*bread/rolls*
Butter	*butter*
Ei	*egg*
Eier mit Speck	*bacon and eggs*
Eiscreme	*ice-cream*
Erbsen	*peas*
Erdbeeren	*strawberries*
Essig	*vinegar*
Fisch	*fish*
Fleisch	*meat*
Fleischsoße	*gravy*
Frühstück	*breakfast*
Gebäck	*pastries*
Geflügel	*poultry*
Gemüse	*vegetable*
Gurke	*cucumber*
Hähnchen	*chicken*
Hammelfleisch	*mutton*
Honig	*honey*
Hummer	*lobster*
Kaffee	*coffee*
Kalbfleisch	*veal*
Kartoffeln	*potatoes*
Kartoffelbrei	*mashed potatoes*
Käse	*cheese*
Kohl	*cabbage*
Kuchen	*cake*
Lachs	*salmon*
Lamm	*lamb*
Leber	*liver*
Maiskolben	*corn-on-the-cob*
Marmelade	*jam*
Mittagessen	*lunch*
Meeresfrüchte	*seafood*
Milch	*milk*
Mineralwasser	*mineral water*
Nieren	*kidneys*
Obst	*fruit*
Öl	*oil*
Pfannkuchen	*pancakes*
Pfeffer	*pepper*
Pfirsiche	*peaches*
Pilze	*mushrooms*
Pommes frites	*chips*
Reis	*rice*
Reh/Hirsch	*venison*
Rindfleisch	*beef*
Rühreier	*scrambled eggs*
Sahne	*cream*
Salat	*salad*
Salz	*salt*
Schinken	*ham*
Schlagsahne	*clotted cream*
Schweinefleisch	*pork*
Sekt	*sparkling wine*
Suppe	*soup*
Thunfisch	*tuna*
Truthahn	*turkey*
Vanillesoße	*custard*
Vorspeisen	*hors d'œuvres*
Wein (Weiß/Rot/Rosé)	*wine (white/red/rosé)*
Würstchen	*sausages*
Zucker	*sugar*
Zwiebeln	*onions*

Register

Bildnachweis

Umschlag-Vorderseite: Great Siege Regatta im Grand Harbour vor der Kulisse von Birgu (Vittoriosa). Foto: *Rainer Hackenberg, Köln*

Titelseite
Oben: Valletta mit St. Paul's Cathedral und Our Lady of Mount Carmel (Wh. von S. 18 oben)
Mitte: Traditionelles Luzzu-Boot in frischer Farbenpracht (Wh. von S. 60)
Unten: Ungetrübte Badefreuden am Sandstrand der Ramla Bay auf Gozo (Wh. von S. 113)

Gottfried Aigner, München: 75, 90/91, 92, 94/95, 125 – *Franz Marc Frei, München:* 18 unten, 32, 46, 47, 60, 129 – *Rainer Hackenberg, München:* 8/9, 9 oben, 10 oben, 11 oben, 14, 23, 24, 28, 37, 39 unten, 44, 48, 50, 53 unten, 54, 55, 58, 59, 61 (2), 62, 66, 71, 72, 76/77, 79, 83 (2), 85, 93, 97, 110, 113, 116 oben, 119, 120 Mitte, 120 unten (2), 123, 124 unten, 128, 130, 135 – *Gerold Jung, Ottobrunn:* 94 – *Heritage Malta, Valletta:* 13 – *Hans Latzke, Bielefeld:* 82 – *Harald Mielke, Sachsenried:* 63, 99 unten, 132 – *National Tourist Organisation – Malta, Valletta:* 25 – *Hubert Stadler, Fürstenfeldbruck:* 16/17, 81, 100 (2), 104, 106 unten, 108, 111, 112, 114, 118/119, 133 – *Marc Steinmetz, Starnberg:* 42 unten, 67, 76, 109 – *Süddeutscher Verlag, Bilderdienst, München:* 15 (2) – *Hanna Wagner, München:* 41 oben, 80, 105, 106 oben – *Ernst Wrba, Sulzbach/Taunus:* 6/7, 7 (2), 8 oben (2), 9 unten, 10 unten, 11 unten, 12, 18 oben, 20, 21 (2), 22, 26, 27, 29, 30, 31 (2), 34, 35, 36, 38, 39 oben, 40, 41 unten, 42 oben, 48/49, 53 oben, 56 (2), 57, 64, 68, 70, 73, 74, 84, 86, 87, 88, 96, 98, 99 oben, 103, 107, 115 (2), 116 unten, 117, 120 oben (2), 126, 131

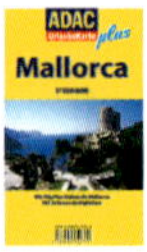

Ägypten
Algarve
Allgäu*
Amsterdam
Andalusien*
Australien
Bali und Lombok
Barcelona*
Berlin*
Bodensee*
Brandenburg
Brasilien
Bretagne
Budapest
Bulgarische Schwarzmeerküste
Burgund
Costa Brava und Costa Daurada
Côte d'Azur
Dalmatien
Dänemark*
Deutschland, City Guide
Dominikanische Republik
Dresden*
Dubai, Vereinigte Arabische Emirate, Oman
Elsass
Emilia Romagna
Florenz
Florida
Französische Atlantikküste
Fuerteventura
Gardasee*
Germany, City Guide (engl.)
Golf von Neapel
Gran Canaria
Hamburg*
Hongkong und Macau
Ibiza und Formentera
Irland
Israel
Istrien und Kvarner Golf*
Italienische Adria
Italienische Riviera
Jamaika
Kalifornien
Kanada – Der Osten
Kanada – Der Westen
Karibik
Kenia
Korfu und Ionische Inseln
Kreta*
Kuba
Kykladen
Lanzarote
Leipzig*
London*
Madeira
Mallorca*
Malta
Marokko
Mauritius und Rodrigues
Mecklenburg-Vorpommern*
Mexiko
München*
Neuengland
Neuseeland
New York*
Niederlande
Norwegen
Oberbayern*
Österreich*
Paris*
Peloponnes
Piemont, Lombardei, Valle d'Aosta
Polen*
Portugal
Prag*
Provence
Rhodos
Rom*
Rügen, Hiddensee, Stralsund
Salzburg
Sardinien
Schleswig-Holstein*
Schottland
Schwarzwald*
Schweden*
Schweiz*
Sizilien
Spanien
St. Petersburg
Südafrika
Südengland
Südtirol*
Sylt
Teneriffa*
Tessin
Thailand
Toskana
Tunesien
Türkei-Südküste
Türkei-Westküste
Umbrien
Ungarn
USA-Südstaaten
USA-Südwest
Usedom*
Venedig*
Venetien und Friaul
Wien*
Zypern

* auch als ADAC Reiseführer Plus mit CityPlan bzw. UrlaubsKarte

Leserforum

Die Meinung unserer Leserinnen und Leser ist wichtig, daher freuen wir uns von Ihnen zu hören. Wenn Ihnen dieser Reiseführer gefallen hat, wenn Sie wichtige Hinweise zu den Inhalten haben – Ergänzungs- und Verbesserungsvorschläge, Tipps und Korrekturen – dann schreiben Sie uns:

Redaktion ADAC Reiseführer
ADAC Verlag GmbH
81365 München
verlag@adac.de

Impressum

Lektorat und Bildredaktion: Astrid Rohmfeld
Aktualisierung: Thomas Paulsen
Karten: Computerkartographie Carrle, München
Herstellung: Martina Baur
Printed in Germany

Ansprechpartner für den Anzeigenverkauf:
Kommunalverlag GmbH & Co KG,
MediaCenterMünchen, Tel. 089/92 80 96-44

ISBN 10: 3-3-87003-761-X
ISBN 13: 978-3-87003-761-1

Gedruckt auf chlorfrei gebleichtem Papier

Wir danken der Malta Tourism Authority für ihre freundliche Unterstützung.

Neu bearbeitete Auflage 2006